W0307147

Werner Pepels

Der Marketingplan

Werner Pepels

Der Marketingplan

- Zielsetzung entwickeln
- Strategische und konzeptionelle Stellgrößen festlegen
- Mit Checklisten und Formularen

REDLINE WIRTSCHAFT

Bibliografische Information der Deutschen Nationalbibliothek

Die Deutsche Nationalbibliothek verzeichnet diese Publikation in der Deutschen Nationalbibliografie. Detaillierte bibliografische Daten sind im Internet über http://dnb.d-nb.de abrufbar.

ISBN 978-3-636-01440-5

Unsere Web-Adresse:
www.redline-wirtschaft.de

2., aktualisierte und erweiterte Auflage

© 2007 by Redline Wirtschaft, Redline GmbH, Heidelberg.
Ein Unternehmen von Süddeutscher Verlag | Mediengruppe.

Alle Rechte, insbesondere das Recht der Vervielfältigung und Verbreitung sowie der Übersetzung, vorbehalten. Kein Teil des Werkes darf in irgendeiner Form (durch Fotokopie, Mikrofilm oder ein anderes Verfahren) ohne schriftliche Genehmigung des Verlages reproduziert oder unter Verwendung elektronischer Systeme gespeichert, verarbeitet, vervielfältigt oder verbreitet werden.

Umschlaggestaltung: ZERO Werbeagentur GmbH, München
Satz: Jürgen Echter, Redline GmbH
Druck: Himmer, Augsburg
Bindearbeiten: Thomas, Augsburg
Printed in Germany

Inhalt

Einleitung 8

1. Die Zielsetzung im Marketingplan 11

Finden Sie Ihre Kernkompetenz heraus! 11
Haben Sie eine Vision und eine Mission? 13
Prägen Sie Ihre Unternehmenskultur aus! 16
Legen Sie Ihre Zielinhalte detailliert fest! 19
Stellen Sie Zielabweichungen fest! 21

2. Die Ist-Situations-Analyse im Marketingplan 23

Wie sieht Ihr Marktumfeld aus? 23
Erkenntnisse der Lebenszyklus-Analyse *23*
Erkenntnisse der STEPP-Analyse *27*
Erkenntnisse der Umfeld-Analyse *29*
Erkenntnisse der Branchenstruktur-Analyse *31*
Erkenntnisse der Ressourcen-Analyse *34*
Erkenntnisse der Potenzial-Analyse *36*
Erkenntnisse der Stärken-Schwächen-Analyse *37*
So erstellen Sie eine SWOT-Analyse 40
Normstrategien in der Portfolio-Analyse (BCG) als Hilfe 45
Portfolio-Dimensionen *45*
Portfolio-Matrix *46*
Strategieempfehlungen *50*

3. Die strategischen Stellgrößen im Marketingplan 54

Bestimmen Sie Ihre gewünschte Marktparzelle! 54
Option Produktspezialisierung *54*
Option Marktspezialisierung *56*
Option partielle Produkt-Markt-Abdeckung *56*

Option totale Produkt-Markt-Abdeckung *56*
Berücksichtigung von Marktschranken *57*
Bestimmen Sie Ihren komparativen Konkurrenzvorteil! 59
Bedeutung der Marktpolarisierung *59*
Alternativen der Marktstimulierung *61*
Vier vorteilhafte Konkurrenzpositionen *62*
Legen Sie Ihr angestrebtes Marktverhalten fest! 65
Rolle als Marktführer *66*
Rolle als Marktherausforderer *67*
Rolle als Marktmitläufer *68*
Rolle als Marktnischenanbieter *69*
Neue Spielregeln am Markt *70*
Wählen Sie Ihr passendes Markttiming! 71
Stellung als Innovator *72*
Stellung als früher Folger *73*
Stellung als später Folger *74*
Stellung als Nachzügler *74*
Dynamisches Outpacing *75*
Strategieraster als Zwischenergebnis der Planung 77
Strategiebewertung 78

4. Die konzeptionellen Stellgrößen im Marketingplan .. 87

So erschließen Sie Ihre favorisierte Absatzquelle 87
Alternativen der Marktdurchdringung *88*
Alternativen der Produktausweitung *90*
Alternativen der Marktentwicklung *92*
Wie man seine Zielgruppe wirksam segmentiert 96
Demografische Segmentierung *96*
Psychologische Segmentierung *99*
Soziologische Segmentierung *100*
Typologische Segmentierung *101*
Segmentierung in Business-Märkten *102*
So entwickeln Sie eine schlüssige Positionierung 105
Abgrenzung des relevanten Marktes *106*
Bestimmung der Angebotsdimensionen auf diesem Markt *109*
Auswahl der strategischen Mitbewerber *110*
Positionierung dieser Mitbewerber *112*
Eintrag der eigenen Ist-Position und der Idealposition *114*

Alternativen zur Bestimmung der Zielposition *115*
Schätzung der Positionspotenziale *118*
Formulierung des Positioning Statement *119*
Der Übergang zum operativen Marketing 122

Über den Autor 123

Literatur 124

Einleitung

»Ein Plan ist längst nicht alles, aber ohne Plan ist alles nichts.«

Dem Marketingplan kommt zweifelsohne eine Schlüsselrolle innerhalb des Marketings zu. Zugleich ist ein stimmiger Marketingplan eine der schwierigsten Aufgaben, die das Marketing-Management zu lösen hat. Der Schlüssel zum Erfolg heißt, wie so häufig, Komplexitätsreduktion.

Planung ist jetziges Entscheiden über zukünftiges Tun oder Unterlassen und bedeutet daher die gedankliche Vorwegnahme zukünftigen Handelns.

Was genau bedeutet also der Marketingplan? Ein Plan enthält grundlegende Überlegungen, in diesem Fall zum Marketing. Jeder Plan besteht aus vier Schritten. Man kann sich dies analog zur Reiseplanung vorstellen:

- Wenn Sie eine Reise antreten wollen, machen Sie sich zuerst klar, wohin es gehen soll: Das ist die Marketingzielsetzung.
- Dann gehen Sie von Ihrem derzeitigen Standort aus: Das ist im Marketing die Ist-Situations-Analyse.
- Anschließend überlegen Sie, auf welchem Weg Sie die Distanz zwischen Ihrem Ziel und Ihrem Standort überwinden wollen, Sie legen die Reiseroute fest: Das ist die Marketingstrategie.
- Und schließlich entscheiden Sie sich für ein Transportmittel, mit dem Sie diese Route zurücklegen wollen: Das ist die Marketingkonzeption.

Der Marketingplan besteht also aus vier Bausteinen:

- der Zielsetzung im Marketing,
- der Ist-Situations-Analyse im Marketing,
- den strategischen Stellgrößen im Marketing und
- den konzeptionellen Stellgrößen im Marketing (siehe Abbildung: Vorgehensweise im Marketingplan).

Diese vier Bausteine werden im Folgenden behandelt. Eine strategische Planung ist Voraussetzung für jedweden planvollen operativen Marketingeinsatz. Sich mit den Marketingmix-Instrumenten zu beschäftigen ergibt also nur Sinn auf Basis eines stimmigen, das heißt vollständigen und konsistenten Marketingplans. Eben darum geht es im Folgenden.

Im ersten Kapitel »Die Zielsetzung im Marketingplan« werden zentrale Elemente wie die Kernkompetenz, die Vision und Mission, die Zielinhalte und die Zielabweichungen erläutert.

Im zweiten Kapitel »Die Ist-Situations-Analyse im Marketingplan« werden Instrumente aufgezeigt, die eine aufschlussreiche Diagnose des professionellen Standorts leisten. Dazu gehören verschiedene deskriptive Tools (Lebenszyklus-Analyse, STEPP-Analyse, Umfeld-Analyse, Branchenstruktur-Analyse, Ressourcen-Analyse, Potenzial-Analyse, Stärken-Schwächen-Analyse), aber auch analytische Tools wie die SWOT-Analyse und ihre unmittelbare Nachfolgerin, die Portfolio-Analyse.

Damit sind Ausgangs- und Endpunkt des Marketingplans beleuchtet. Jetzt geht es darum, die Distanz zwischen ihnen zu überbrücken. Dazu dienen vier strategische Stellgrößen: erstens die Bestimmung der gewünschten Marktparzelle, zweitens die Verankerung des komparativen Konkurrenzvorteils, drittens die Festlegung des angestrebten Marktverhaltens und viertens die Wahl eines geeigneten Markttimings. Jede Stellgröße unterteilt sich in diverse Möglichkeiten, die einzuplanen sind. Die Zusammenfassung erfolgt in Form eines Strategierasters und seiner Bewertung.

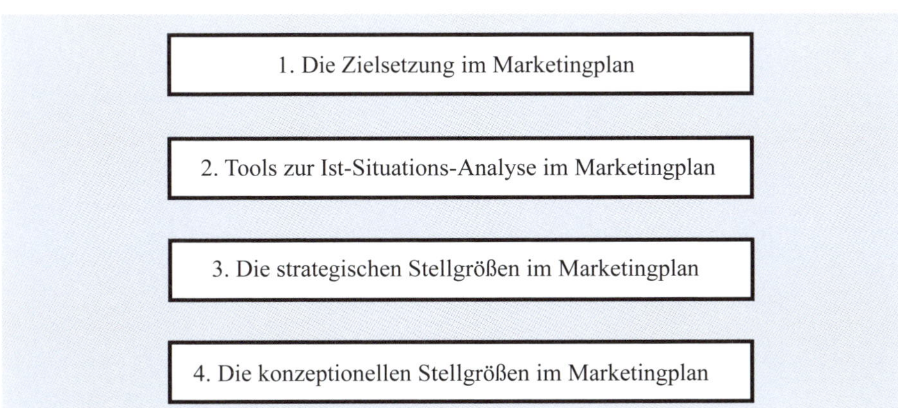

Vorgehensweise im Marketingplan

Insofern ist die Route geplant. Nunmehr muss eine Plattform für die Vorgehensweise gefunden werden. Dies erfolgt im Rahmen der konzeptionellen Stellgrößen. Dabei sind drei Justierungen erforderlich: erstens die Erschließung der Absatzquelle, zweitens die Segmentierung der Zielgruppe und drittens die Entwicklung einer schlüssigen Positionierung. Für jede dieser Stellgrößen sind wiederum verschiedene Ausprägungen einplanbar. Sie kulminieren im »Position Statement«. Dieses ist Ausgangspunkt für die Umsetzung der Marketingaktivitäten.

1. Die Zielsetzung im Marketingplan

Finden Sie Ihre Kernkompetenz heraus!

Der traditionelle Marketingansatz empfiehlt eine passive Marktanpassung, das heißt, Unternehmen richten ihre Aktivitäten an der Nachfrage aus. Man spricht dabei auch von einem Outside-in-Ansatz (nach M. E. Porter). Dies ist aus mehreren Gründen problematisch, denn

1. ist Nachfrage nicht kreativ,
2. will Nachfrage immer etwas anderes und
3. ist Nachfrage unverschämt.

Daher gehen moderne Unternehmen anders vor: Sie betreiben aktive Marktgestaltung, das heißt, sie verfolgen einen Inside-out-Ansatz (nach Hamel/Prahalad). Ausgangspunkt ist dabei die eigene Kernkompetenz. Kernkompetenz ist eine überlegene Leistungsfähigkeit, die besonderen Kundennutzen generieren kann. In glücklichen Fällen hat ein Unternehmen auch zwei oder mehr Kernkompetenzen.

Stellen Sie Ihre Kernkompetenz in den Mittelpunkt Ihres Marketingplans.

Zur Ermittlung der Kernkompetenz dienen folgende Anhaltspunkte (VRIO-Schema):

- Relevanz als Fähigkeit zur Bedarfsbefriedigung am Markt und zur Schaffung eines Wettbewerbsvorsprungs (Value),
- Alleinstellung als anderweitig nicht verfügbare Problemlösung, die nicht-substituierbar ist (Rareness),
- Nachhaltigkeit als mangelnde Austauschbarkeit und durch Schützbarkeit nicht imitierbar (Imperfect Imitability),
- Hebelwirkung als dem unternehmensspezifischen Umfeld entstammend (Organizational Specificity).

Verwenden Sie zur Planung der Kompetenzen am besten das vorliegende Formular.

Formular Kernkompetenz

Welche vorhandenen oder realistisch möglichen, eigenen Fähigkeiten sind von Wert am Markt?

____

Welche dieser Fähigkeiten sind alleinstellend und nicht ohne Weiteres substituierbar?

____

Welche dieser raren Fähigkeiten sind weiterhin auch nur unzureichend imitierbar?

____

Welche der verbleibenden Fähigkeiten passen zur Unternehmenskultur (Spezifität)?

____

Fähigkeiten, die kumulativ diese Anforderungen erfüllen, sind kernkompetenzfähig. Ob der Markt diese Kernkompetenzen akzeptiert, hängt von ihrer Plausibilität ab. Ob das Unternehmen sie darstellen kann, hängt von seinen Ressourcen ab. So kombiniert etwa Canon seine Kernkompetenzen in Feinoptik, Feinmechanik, Mikroelektronik und Lasertechnik in vielfältigen Produkten wie Fotokopierern, Digitalkameras, Laserdruckern etc.

Kernkompetenz ist niemals ein Produkt, sondern immer nur eine Problemlösung. Denn Produkte unterliegen Lebenszyklen und verschwinden vom Markt, Funktionen bleiben.

Negativbeispiel: Brother war in den 1980er und 1990er Jahren extrem erfolgreich als Hersteller elektrischer Schreibmaschinen (Produkt). Doch die Ära von Schreibmaschinen ist durch computergestützte Textverarbeitung endgültig vorbei. Brother hätte seine Kernkompetenz im Bereich Hardcopy (Problemlösung) sehen sollen, dann würde die Firma auch im Tintenstrahl- und Laserdrucker-Zeitalter noch eine herausragende Rolle spielen.

Positivbeispiel: Xerox war bis Mitte der 1980er Jahre als Halter des Xerographie-Patents extrem erfolgreich. Mit Auslaufen der Schutzdauer überrollten japanische Hersteller mit Trockenkopierern überlegener Leistung und niedrigeren

Preises den Markt. Es entstand eine existenzbedrohende Krise. Xerox begriff sich fortan nicht mehr als Fotokopiererhersteller (Funktion), sondern als Dokumentenmanager (Problemlösung) und ist damit heute sehr erfolgreich.

Haben Sie eine Vision und eine Mission?

Jeder Unternehmensgründer will reich werden, aber jeder erfolgreiche Unternehmensgründer hatte auch eine Vision, denn reich werden zu wollen allein genügt nicht:

- Henry Ford hatte die Vision »to democratize the automobile«. Er wollte, dass seine Fabrikarbeiter sich die Autos leisten konnten, die sie bauten, um damit den Massenmarkt zu erschließen.
- Ferdinand Porsche wollte die Autoanschaffung für jedermann finanziell möglich machen und nicht nur für die oberen Zehntausend in der Gesellschaft.
- Friedrich Krupp wollte seinen Arbeitnehmern menschenwürdige Lebensbedingungen gewährleisten, um damit deren Arbeitskraft zu steigern.
- Heinz Nixdorf hatte die Vision der arbeitsplatzorientierten Computerintelligenz (»mittlere Datentechnik«) statt zentraler Mainframes.
- Bill Gates, der Hauptgründer von Microsoft, hatte die Vision, dass eines Tages in jedem Haushalt ein Computer steht, und dies zu Zeiten, als diese selbst in Unternehmen kaum verbreitet waren und man von einem Bedarf von wenigen Hundert Einheiten ausging.

Man sieht, unternehmerische Visionen sind durchaus nicht altruistisch, sondern verfolgen manifeste ökonomische Interessen. Doch sie haben als leitende Gedanken einen enormen Brennglaseffekt. Solche Visionen waren bei Unternehmensgründung mit einiger Sicherheit immer vorhanden, sie sind nur durch die Manager-Generationen hindurch verloren gegangen.

Rekonstruieren Sie die unternehmerische Vision Ihres Unternehmens. Diese Vision ist Ihr oberstes Ziel, Ihr Leuchtturm in der Navigation unter erschwerten Bedingungen.

Visionen können nur top-down funktionieren. Daher hat das Management die Pflicht, sie seinen Mitarbeitern vorzuleben. Ohne Vision herrscht Orientierungslosigkeit (»Für einen Segler, der seinen Zielhafen nicht kennt, ist jeder Wind der falsche«, Antoine de Saint-Exupéry).

Die Vision bedarf darüber hinaus der Erdung in Form einer Mission. Diese ist die betriebswirtschaftliche Konkretisierung (Geschäftsauftrag) und verhindert, dass visionäre Umsetzungen grandios scheitern.

- Henry Ford nutzte die Fließbandfertigung als Produktionsprinzip und die Standardisierung im Typ »Tin Lizzy« zur Realisierung niedriger Kosten – und damit von Preisen, die für seine Arbeiter zum Kauf erreichbar waren. So erschloss er den Massenmarkt für Automobile.
- Ferdinand Porsche erfand eine Autofinanzierung nach Bausparkassenprinzip, also mit Ansparbetrag, Zuteilung des Fahrzeugs und Abzahlung durch Ratenbeträge. Das Auto, um das es gehen sollte, war der VW Käfer (durch Kriegszeit vereitelt).
- Friedrich Krupp baute um die vorletzte Jahrhundertwende für seine Arbeiter die Krupp-Siedlungen im Ruhrgebiet mit für damalige Verhältnisse hochwertigen Wohnraumbedingungen. Dadurch konnte er die besten Arbeiter auswählen und senkte den Krankenstand.
- Heinz Nixdorf erfand den modernen PC als Desktop-Computer mit Vernetzung. Dadurch konnte er jeden Arbeitsplatz mit der Computerunterstützung ausstatten, die dort unmittelbar benötigt wurde. Auf »fremde« Computerintelligenz konnte via Vernetzung zugegriffen werden.
- Bill Gates erkannte, dass jeder Computer ein Betriebssystem und Anwendungssoftware braucht. Damit konnte man beinahe plattformunabhängig von der Verbreitung von PCs profitieren. Also initiierte er die Programmierung von MS-DOS, dem Vorläufer von Windows.

Wie weitreichend eine Vision sein kann, zeigt das Beispiel Apple. Steve Jobs, einer der beiden Unternehmensgründer, hatte die Vision, mithilfe des Computers Menschen produktiver zu machen. Das war Anfang der 1980er Jahre nicht der Fall. Die Geräte waren kompliziert und erforderten ständiges Nachschlagen in dicken Handbüchern. Zur Bedienung musste eine Programmiersprache (Basic) erlernt werden. Jobs war klar, dass Menschen so nicht produktiv arbeiten konnten, denn es gab nur Computer von Informatikern für Informatiker, nicht, wie erforderlich, für Normalverbraucher. Also griff er eine Xerox-Erfindung (Alto) auf und entwickelte aus diesem Grundgedanken alle Features, die Computer heute auszeichnen: grafische Benutzeroberfläche, Maussteuerung, Plug&Play, Icons, Pull-down-Menüs und so weiter.

Welche dramatischen Kräfte eine Mission freisetzen kann, zeigt die berühmte Kennedy-Rede 1961 vor dem amerikanischen Kongress. Angesichts des lähmenden Sputnik-Schocks der Sowjetrussen (1957 hatte der erste Mensch, Jurij Gagarin, die Erde in einer Satellitenkapsel umkreist) gab er die Mission vor, dass der erste Mensch auf dem Mond ein Amerikaner sein müsse, und das noch im laufenden Jahrzehnt. Diese Aufgabe war angesichts des damaligen technologischen Stands der westlichen Welt völlig illusorisch, und doch sammelten sich die besten Techniker ihrer Zeit und machten das schier Unmögliche wahr. Der erste Mensch, der auf dem Mond landete, war ein Amerikaner (Neil Amstrong), und es war noch im laufenden Jahrzehnt (1969).

Die prosperierenden Nixdorf-Werke wurden in dem Moment von IBM mit deren PC-Idee (XT) überholt, als Heinz Nixdorf 1981 überraschend verstarb und sich niemand fand, um seine Mission kraftvoll voranzutreiben. Die Nixdorf-Werke wurden bald von Siemens übernommen (Siemens-Nixdorf), zu Sinix verschmolzen und gingen schließlich in Siemens auf, das die Werke in ein Joint Venture mit Fujitsu einbrachte. Heute sind PCs nicht nur in der Wirtschaft selbstverständlich und Mainframes als Dinosaurier der Computerfrühzeit lange ausgestorben.

Als es Apple vorübergehend wirtschaftlich schlechter ging, wurde der Gründer Steve Jobs entlassen und durch den sehr erfolgreichen Pepsi-Manager John Sculley ersetzt. Die Folgen waren katastrophal. Dem Unternehmen fehlte jede Orientierung an der Gründervision. Als die Insolvenz drohte, holte man verzweifelt Steve Jobs für das symbolische Gehalt von einem Dollar zurück. Er schaffte auf Anhieb den Turnaround und führte das Unternehmen in eine zweite Prosperitätsphase. Allerdings war schon so viel Boden verloren, dass der Verdrängungswettbewerb enormen Druck ausüben konnte. Erst Innovationen wie i-Tunes und i-Pod, i-Mac und Mac-mini bewirken nunmehr wieder einen unternehmerischen Aufschwung.

Tragen Sie die Vision und die Mission Ihres Unternehmens in das vorliegende Formular ein.

Formular (rekonstruierte) Vision/Mission

Die Vision Ihres Unternehmens lautet:

___

Die Mission Ihres Unternehmens lautet:

___

(Wenn Ihnen keine Entrepreneurial vision und/oder Business mission bekannt ist, dringen Sie bei geeigneter, vorgesetzter Stelle auf Vorgabe.)

Prägen Sie Ihre Unternehmenskultur aus!

Gemeinsame Werthaltungen einer Organisation liegen in der Unternehmenskultur begründet. Dieser kommt eine immense Erfolgswirkung zu. Nur so ist erklärlich, dass Unternehmen mit ähnlichen materiellen Voraussetzungen durchaus unterschiedlich erfolgreich am Markt sind. Unternehmenskultur selbst ist größtenteils unsichtbar. Die Elemente der Unternehmenskultur werden zumeist anhand eines Eisbergmodells symbolisiert.

Unternehmenskulturpyramide

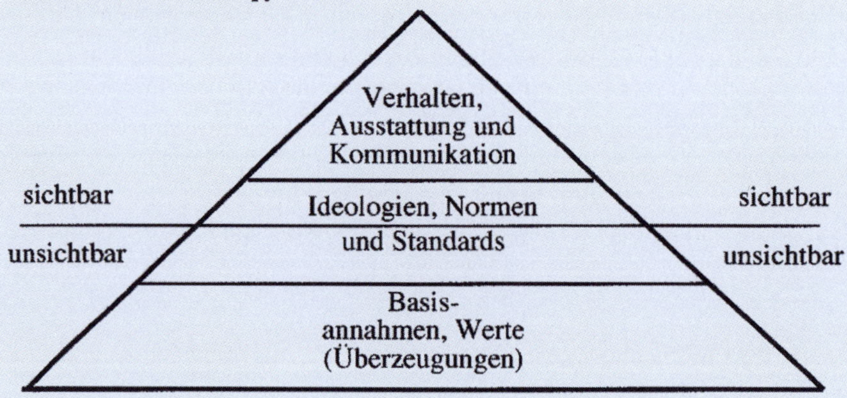

Unterhalb der »Wasserlinie« liegt die große Masse der **Überzeugungen**, gebildet aus **Basisannahmen** und **Werten**. Sie bilden die grundlegenden Maximen und Orientierungsmaßstäbe über Umweltbezug, Menschenbild, soziale Beziehungen, Wahrheit und Zeitauffassung. Sie sind, auch unbewusst, in den Köpfen der die Kultur prägenden Personen, vor allem meist des Unternehmensgründers, verankert und werden durch Vorbildwirkung weitergegeben.

Größtenteils unterhalb, partiell aber schon oberhalb der »Wasserlinie« befinden sich die **Ideologien**, gebildet aus **Normen** und **Standards**. Sie ordnen, welche Einstellungen erwünscht und welche unerwünscht sind. Dies geschieht überwiegend implizit, also ohne ausdrückliche Anweisungen, teilweise durch abstrakte, sehr allgemein gehaltene Unternehmensleitsätze, teils aber auch durch kodifizierte Detailvorgaben.

Beispiel: Unternehmensleitsätze der Gastronomie- und Hotelkette Mövenpick

- Wir laden unsere Gäste ein, mit Eisgekühltem, Duftendem und Verführerischem aus Küche und Kellerei ein kleines erschwingliches Stück Luxus im Alltag zu genießen. Dabei verbinden wir Bewährtes harmonisch mit Neuem zu einem außergewöhnlichen Genusserlebnis zuhause, unterwegs oder in den Ferien.
- Wir verwöhnen unsere Gäste mit jeder Geste, jedem Detail, jeder unerwarteten Aufmerksamkeit. Unsere Produkte und die dafür verwendeten Rohwaren müssen höchsten Qualitätsansprüchen genügen. Uneingeschränkt verwöhnen zu dürfen, ist die Leidenschaft unserer freundlichen und aufmerksamen Mitarbeitenden – jeden Tag aufs Neue.
- Wir pflegen die Kultur einer ehrlichen und authentischen Gastfreundschaft. Dabei paaren wir Schweizer Qualität und Beständigkeit mit einem internationalen, weltoffenen Flair, pflegen Bekanntes und lassen Unbekanntes entdecken. Unser Ziel ist der echte Geschmack und die täglich gelebte Rolle des glaubwürdigen Gastgebers.

Beispiel: Unternehmensleitsätze Henkel

- Henkel ist der Spezialist für angewandte Chemie. Wir lösen die Probleme unserer Kunden mit Produkten und Systemen auf der Grundlage von Chemie. Dabei gehen wir strikt anwendungsbezogen vor.
- Henkel ist in allen Bereichen kunden- und marktorientiert. Wir spüren frühzeitig Kunden- und Marktbedürfnisse auf. Wir entwickeln und ver-

markten Produkte und Systeme, die unseren Kunden einen besonderen Nutzen bieten. Wir wollen dauerhafte Wettbewerbsvorteile erreichen.
- Henkel nutzt seine Marktpotenziale weltweit. Henkel versteht sich als internationales Unternehmen. Zur Ausschöpfung aller Marktpotenziale fördern wir internationalen Know-how-Austausch und gehen, wo nötig, strategische Partnerschaften ein.
- Henkel ist durch Innovationen im Markt erfolgreich. Wir sichern unsere Wettbewerbsposition durch permanente Innovation bei Produktion und Systemen. Dazu fördern wir die Kreativität aller Mitarbeiter.
- Henkel will für tüchtige Mitarbeiter attraktiv sein. Henkel sieht die Mitarbeiter als Träger aller Unternehmensleistungen. Wir wollen eine Vertrauens- statt einer Kontrollorganisation. Wir respektieren die persönlichen Ziele und Überzeugungen unserer Mitarbeiter. Wir sorgen für ein leistungsförderndes Klima und unterstützen die berufliche und persönliche Entwicklung unserer Mitarbeiter.
- Henkel ist das ökologisch führende Chemie-Unternehmen. Wir verstehen unter Leistungsführerschaft nicht nur die beste Produktleistung, sondern auch jeweils die beste Umweltverträglichkeit. Dies gilt für unser gesamtes Programm. Unsere Produktionsprozesse sollen für Mitarbeiter und Nachbarn sicher sein und die Umwelt nicht beeinträchtigen.
- Henkel achtet die gesellschaftlichen Werte und Normen aller Länder. Wir beziehen gesellschaftliche Wertvorstellungen verantwortungsbewusst in unsere Unternehmenspolitik ein, folgen staatlichen Vorschriften und gehen darüber hinaus.

Gänzlich oberhalb der »Wasserlinie« liegen Artefakte, gebildet aus **Verhalten, Ausstattung** und **Kommunikation**. Sie manifestieren sich in Symbolen wie Architektur, Kleidung und Sprache, aber auch »Helden«, Ritualen, Legenden und Konventionen.

Eine starke Unternehmenskultur bedingt einen geringen formalen Regelungsbedarf, gibt konkrete Orientierungshilfe zur Entscheidung und schafft eine schnelle Umsetzung in der Organisation. Sie bietet Sicherheit, Vertrauen, Identifikation und Motivation durch ein ausgeprägtes »Wir«-Gefühl, bewirkt Komplexitätsreduktion und vereinfacht Abstimmungsprozesse. Sie erübrigt Grundsatzdiskussionen, benötigt nur geringe Administrationskapazitäten und bindet die Mitarbeiter eng an das Unternehmen. Eine starke Unternehmenskultur verhindert allerdings auch ein kritisches Hinterfragen des Wertesystems, blockiert damit Impulse durch Neuerungen und fixiert stattdessen betriebsblind auf traditionelle Erfolgsmotive. Sie unterdrückt tendenziell kritische Argumentationen, schafft mangelnde Anpassungsflexibilität in einem geschlossenen System und führt damit zur Realitätsverzerrung. Insofern ist weder eine schwache Kultur wünschenswert, da positive Effekte unterbleiben, noch eine zu ausgeprägte Kultur, da praktisch kein Wandel mehr möglich ist.

Kultur ist ein wesentlicher Erfolgsfaktor und muss durch bewusste Förderung ausgebildet und gepflegt werden.

Die Kultur drückt sich idealerweise auch in den Produkten aus. Zu denken ist etwa an Apple oder IWC. Bei Autos ist der BMW Mini ein Erfolgsbeispiel.

- Mini ist selbstbewusst, kontaktfreudig und blickt optimistisch in die Zukunft.
- Mini hat Spaß und Humor, ist aktiv, lebendig und voller Lebenslust.
- Mini ist jung, spontan, unkonventionell und manchmal auch ein bisschen frech.
- Mini ist schön, faszinierend und erfrischend anders.
- Mini ist einnehmend, verführerisch und begehrenswert.
- Mini ist modern, setzt Trends und ist seiner Zeit voraus.
- Mini ist verantwortungsbewusst, verlässlich und kümmert sich um Menschen und ihre Bedürfnisse.
- Mini ist weltoffen, tolerant und stellt sich auf unterschiedliche Menschen und Situationen ein.
- Mini ist klassenlos, populär und überall akzeptiert.

Legen Sie Ihre Zielinhalte detailliert fest!

Kein Marketingplan ist ohne eine präzise Zieldefinition denkbar. Die Zielbildung kann man sich als Pyramide vorstellen. Ganz oben steht die Vision (das Was), daraus abgeleitet wird die betriebswirtschaftliche Mission (das Wie). Daraus wiederum folgen operational definierte Ziele, und zwar meist nach der Zeitorientierung in lang-, mittel- und kurzfristige Ziele unterteilt.

Formular Zieldimensionen

Objekt: ______________________

Einheit: ______________________

vertikale Einordnung: ______________________

horizontale Einordnung: ______________________

Zeitbezug: ______________________

Raumerstreckung: ______________________

Ausmaß: ______________________

Inhalt: ______________________

Richtung: ______________________

Gewichtung: ______________________

Damit die Marketingziele vollständig erfasst werden, müssen sie in mindestens folgenden Dimensionen vorliegen:

- **Zielobjekt**, d.h. die Erfolgsgröße, die gesteuert werden soll. Dabei handelt es sich um Produkt-Markt-Kombinationen
- **Zieleinheit**, d.h. die Stelle innerhalb der Organisation, für welche die definierten Ziele gelten
- **vertikale Einordnung** in das Zielsystem, also die Verantwortung für die Zielerreichung
- **horizontale Einordnung** in das Zielsystem, also die Beziehung zu anderen Zielen (denkbar sind Zielidentität, -harmonie, -neutralität, -konflikt oder -antinomie)
- **Zeitbezug**, d.h. die Frist, innerhalb deren die definierten Ziele zu erreichen sind
- **Raumerstreckung**, d.h. das Gebiet, für das die definierten Ziele gelten sollen (dabei wird meist in lokal, regional, national oder international unterschieden)

- **Zielausmaß**, d.h. die Ausprägung des zu erreichenden Ziels (denkbar sind Maximierung/Minimierung, Optimierung, Satisfizierung oder Fixierung)
- **Zielinhalt**, d.h. die Art des zu erreichenden Ziels (dabei wird in ökonomische/quantitative/materielle oder außerökonomische/qualitative/psychografische Ziele unterschieden)
- **Zielrichtung**, d.h. der Charakter der Zielerreichung (denkbar sind Expansions-, Erhaltungs-, Etablierungs- oder Reduktionsziele)
- **Zielgewichtung**, d.h. die Priorität der Erreichung eines Ziels im Vergleich zu anderen Zielen

Tragen Sie Ihre detaillierten Marketingziele in das Formular »Zieldimensionen« auf Seite 20 ein.

Stellen Sie Zielabweichungen fest!

Für die pragmatische Abschätzung der Angemessenheit einer Zielformulierung wird meist die SMART-Regel zugrunde gelegt. Sie besagt Folgendes:

- Ziele müssen exakt definiert sein (S für spezifisch).
- Die Zielerreichung muss anhand von Kenngrößen nachvollziehbar sein (M für messbar).
- Ziele sollen weiter greifen als derzeit vorstellbar (A für ambitioniert).
- Ziele müssen erreichbar sein (R für realistisch).
- Die Zielerreichung findet immer auf der Zeitachse statt (T für terminiert).

Die Angemessenheit der Ziele kann im Rahmen der Zielabweichungs-Analyse überprüft werden. Die Vorgehensweise ist wie folgt:

- Die jeweils relevanten Zielgrößen werden in einem Bewertungssystem als untereinander gestellte Skalierung eingetragen.
- Für jede Zielgröße werden die in der Vorperiode gesetzten Ziele und deren Erreichung in der Vorperiode ausgewiesen.
- Beide Werte, gesetzte Ziele und deren Erreichung, werden in der Skalierung abgetragen und durch zwei getrennte Profillinien verbunden.
- Der Abstand der Linien gibt über den Zielerreichungsgrad bei jedem Kriterium Auskunft (siehe dazu Abbildung: Zielabweichungs-Analyse).

Negative Abweichungen können im Wesentlichen auf drei Ursachen zurückzuführen sein:

- Die Zielsetzung war angesichts der Mittelausstattung und Spezifität unrealistisch und eine Erreichung daher objektiv nicht möglich.
- Externe, anderweitig nicht beeinflussbare Faktoren haben den Zielerreichungsgrad negativ tangiert.
- Die Verantwortlichen sind subjektiv nicht in der Lage, die gesetzten Ziele zu erreichen.

Erfahrungen aus Zielabweichungen der Vergangenheit sollten unbedingt in die Zielsetzungen der Zukunft eingehen. Dazu ist ein Marketing-Audit angebracht.

Im Chart »Zielabweichungs-Analyse« sehen Sie beispielhafte Zielkriterien und eine Analyse der Vorgaben und der Erreichung von Zielen. Setzen Sie hier Ihre Zielkriterien ein und vergleichen Sie deren Erreichungsgrad in der Vorperiode.

Zielabweichungs-Analyse (Beispiel)

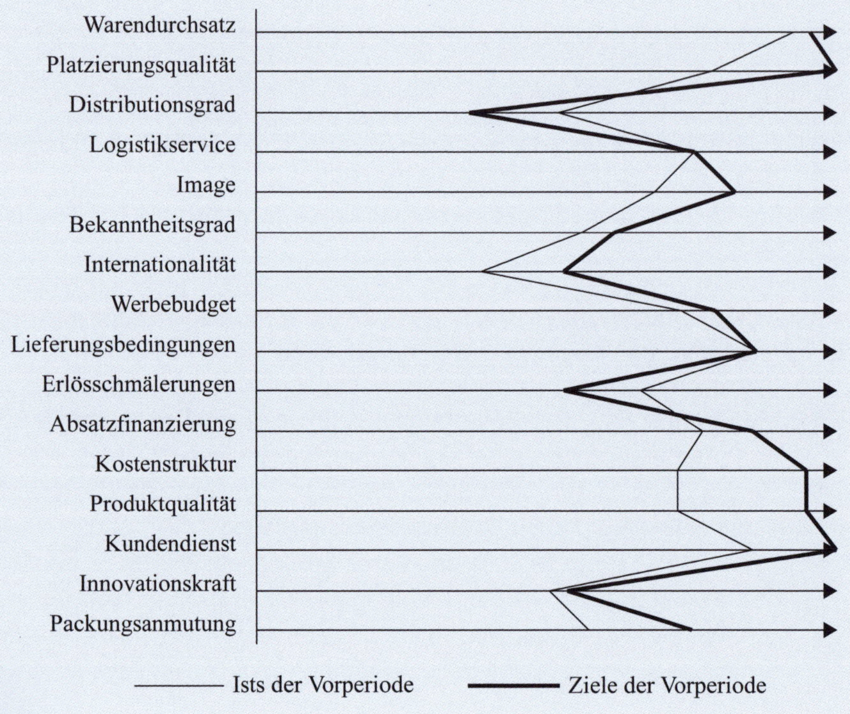

2. Die Ist-Situations-Analyse im Marketingplan

Wie sieht Ihr Marktumfeld aus?

Erkenntnisse der Lebenszyklus-Analyse

Dass sich marketingrelevante Tatbestände auf der Zeitachse verändern, ist eine Erfahrungstatsache. Man spricht daher auch von einem Lebenszyklus, der sich auf Produkte, Technologien oder Branchenmärkte beziehen kann. Dieser Lebenszyklus vollzieht sich idealtypisch in Form einer Glockenkurve, zunächst mit progressiven Zuwächsen auf niedrigem absoluten Niveau, dann rückläufigen Zuwächsen auf höherem absoluten Niveau, niedrigen Abwächsen auf hohem absoluten Niveau und schließlich hohen Abwächsen auf niedrigem absoluten Niveau.

Die Lebenszyklus-Analyse dient der Bestimmung der aktuellen Position eines Anbieters/Angebots. Dies ist deshalb von Bedeutung, weil sich die Vermarktungsbedingungen je nach Position erheblich verändern. Innerhalb des Lebenszyklus können verschiedene Phasen identifiziert und charakterisiert werden (siehe Abbildung »Lebenszykluskurve« auf Seite 26):

- In der **Vorbereitungsphase** wird das Angebot noch nicht marktwirksam. Vielmehr arbeiten Anbieter an der Marktreifung ihrer Forschungs- und Entwicklungsvorhaben. Erste Ankündigungen werden in den Medien lanciert, wobei für das Unternehmen hohe Vorkosten auflaufen.
- In der **Innovationsphase** ist das Marktwachstum sehr hoch, wenngleich auf kleiner Basis. Die Preiselastizität der Nachfrage ist niedrig und bietet die Chance zu Abschöpfungspreisen. Es handelt sich meist um ein temporäres Monopol, andere Anbieter müssen den Marktzugang gegebenenfalls erzwingen. Das Betriebsergebnis ist infolge der Vorkosten noch negativ. Die Nachfrager sind Innovatoren, die aus ihrem Selbstverständnis heraus immer das Neueste haben wollen. Das Preisniveau ist hoch, um die Konsumentenrente abzuschöpfen, obwohl es zum Teil auch niedrige Probierpreise (Penetrationsstrategie) gibt. Die Distribution ist se-

lektiv, da Produktions- und Absatzkapazitäten erst sukzessiv aufgebaut werden. Die Werbung richtet sich an Meinungsbildner über Special-interest-Pressetitel und den Handel zur Listungs- und Platzierungsunterstützung. Insgesamt sind die absatzpolitischen Aktivitäten eher hoch anzusetzen. Der Markt ist durch Übernachfrage gekennzeichnet, und es sind hohe Produktionskosten bei niedrigem Standardisierungsgrad gegeben. Produkte werden erst noch in die Großserienreife überführt. Der Absatz erfolgt über spezialisierte Absatzkanäle. Es kommt zu intensiver Produktverbesserung durch Design- und Werkstoffwechsel mit der Folge hoher Forschungs- und Entwicklungskosten. Es besteht ein großes Innovationsrisiko. Trotz Abschöpfungspreispolitik bleiben kaum Gewinne. Die Strategie ist auf Marktanteilswachstum gerichtet.

- In der **Penetrationsphase** erfolgt eine bessere Marktdurchdringung. Die Wachstumsrate des Gesamtmarkts ist hoch, verläuft jedoch bald degressiv. Der Break-even-Punkt wird erreicht. Die Gewinne steigen stark an, doch zugleich steigen auch die Preiselastizität der Nachfrage und die Zahl der Konkurrenten. Dennoch wird erstmalig ein positiver Cashflow erreichbar. Der Wettbewerb ist noch nicht intensiv. Als Käufergruppen kommen die »early adopters« in Betracht. Ziel der am Markt vertretenen Unternehmen muss eine bessere Marktdurchdringung oder Marktausweitung sein. Das Preisniveau ist hoch, da ausreichend Nachfrage vorhanden ist. Die Distribution wird im Zuge des Produkterfolgs ausgeweitet. Die Kommunikation ist durch hohe Werbeanstrengungen gekennzeichnet. Durch eine Pull-Strategie wird Nachfrage angezogen, durch eine Push-Strategie gleichzeitig Ware in den Absatzkanal gedrückt. Ziel ist es, ein Markenbewusstsein aufzubauen, um sich gegen spätere Mitbewerber zu profilieren. Die Kapazitäten werden infolge starker Nachfrage überbelastet. Es entstehen hohe Produktionskosten (z.B. durch Überstunden). Das Qualitätsniveau der Produkte ist latent gefährdet. Die Marketingkosten bleiben eher gering.
- In der **Saturationsphase** normalisiert sich die Marktwachstumsrate und stagniert schließlich, die Gewinne erreichen ihr Maximum und verfallen danach infolge hoher Nachfrageelastizität und Wettbewerbsintensität. Der Mittelrückfluss erreicht sein Maximum, es herrscht starker Verdrängungswettbewerb. Käufer sind die frühe beziehungsweise späte Mehrheit. Ziel ist die Durchsetzung gegenüber dem Mitbewerb und eine Marktanteilserhaltungsstrategie. Das Preisniveau sinkt. Es sind zunehmend Zugeständnisse an Abnehmer erforderlich, da Herstel-

ler auf einen gewissen Distributionsgrad angewiesen sind. Die Werbeaufwendungen steigen, die Werbeaussagen sind implizit auf Diskriminierung des Mitbewerbs gerichtet. Hinzu kommen häufige Aktionen. Die absatzpolitischen Aktivitäten verstärken sich. Es herrschen Massenproduktion und -vertrieb vor, und die Standardisierung der Produkte ist hoch. Es kommt zu Preiskämpfen. Hohe Werbekosten werden in die Induzierung von Wiederholungskäufen und Marktsegmentierung gesteckt. Dies erfordert Produktdifferenzierung und hohen Distributionsaufwand. Es kommt zu Prozessinnovationen. Angesichts rückläufiger Margen/Gewinne werden Wettbewerbsvorteile aktiviert. Importkonkurrenz aus Billiglohnländern verschärft diese Situation. Der Gewinnsaldo reagiert mit Timelag auf die Umsatzentwicklung, weil zunächst die zu Beginn der Marktpräsenz angefallenen Anlaufverluste zu kompensieren sind und im Laufe der Zeit ausgabenwirksame Kostenpositionen wegfallen. Der anfänglich negative Cashflow resultiert in der Praxis aus der dringlichen Notwendigkeit, Betriebskapazitäten aufzubauen und mehr oder minder hohe Investitionsbeträge dafür bereitzustellen. Cashflow-Überschüsse in der Saturationsphase ergeben sich aus der Nutzung bereits abgeschriebener Produktionsanlagen, für die nur mehr Instandhaltung betrieben zu werden braucht, während gleichzeitig beim inzwischen erreichten abgesenkten Kostenniveau auskömmliche Bruttospannen verbleiben.

- In der **Degenerationsphase** brechen Umsatz und Gewinn ein. Verluste laufen auf, der Cashflow sinkt schnell ab, und Konkurrenten scheiden vom Markt aus. Der Markt ist durch Verdrängungswettbewerb gekennzeichnet. Als Käufer kommen »late adopters« beziehungsweise Nachzügler zum Zuge. Unternehmen bereiten den Produktrückzug in Anschluss an das »Ausmelken« der Produkte vor. Das Preisniveau ist eher niedrig. Gleichzeitig sinkt die Distribution, da Handelsgeschäfte das Produkt zunehmend auslisten beziehungsweise austauschen. Aus Kostengründen wird die Werbung reduziert. Die absatzpolitischen Aktivitäten sind niedrig. Es herrschen Überkapazitäten und branchenweiter Umsatzrückgang trotz Massenproduktion und -vertrieb vor. Es kommt zu Preisverfall, worunter die Markentreue leidet. Statt technischen Fortschritts dominiert Kostenkontrolle. Es kommt zum Marktaustritt von Wettbewerbern, die sich bereits auf die Entwicklung neuer Produkte konzentrieren. Als Ziel gilt allenfalls Marktbeherrschung.
- In der **Abfangphase** ergeben sich verschiedene Ansatzpunkte für Aktivitäten im Marketing:

- verzögerter Abfall der Lebenszykluskurve durch unternehmensindividuelle Maßnahmen der laufenden Angebotsaktualisierung zur kontinuierlichen Produktpflege (Facelift)
- höheres Niveau der Lebenszykluskurve durch unternehmensindividuelle Maßnahmen zur produktlichen Anhebung in Leistung beziehungsweise Nutzen. Dazu gehören Produktaufwertungen, welche dem Markt immer wieder verhaltene Wachstumsschübe geben (Leveraging).
- Revitalisierung ohne Neupositionierung. Dies erfolgt unternehmensindividuell durch Line Extensions, also Ausbau der Programmtiefe, und Flankers, also internen Transfer der Marke aus einem in einen verwandten anderen eigenen Produktbereich.
- Relaunch bei Umkehr der Wachstumsdynamik durch Produktmodifikationen in Form von Up- beziehungsweise Downgradings mit neuer Positionierung. Dabei wird unternehmensindividuell das bestehende zugunsten eines variierten Produkts vom Markt genommen.

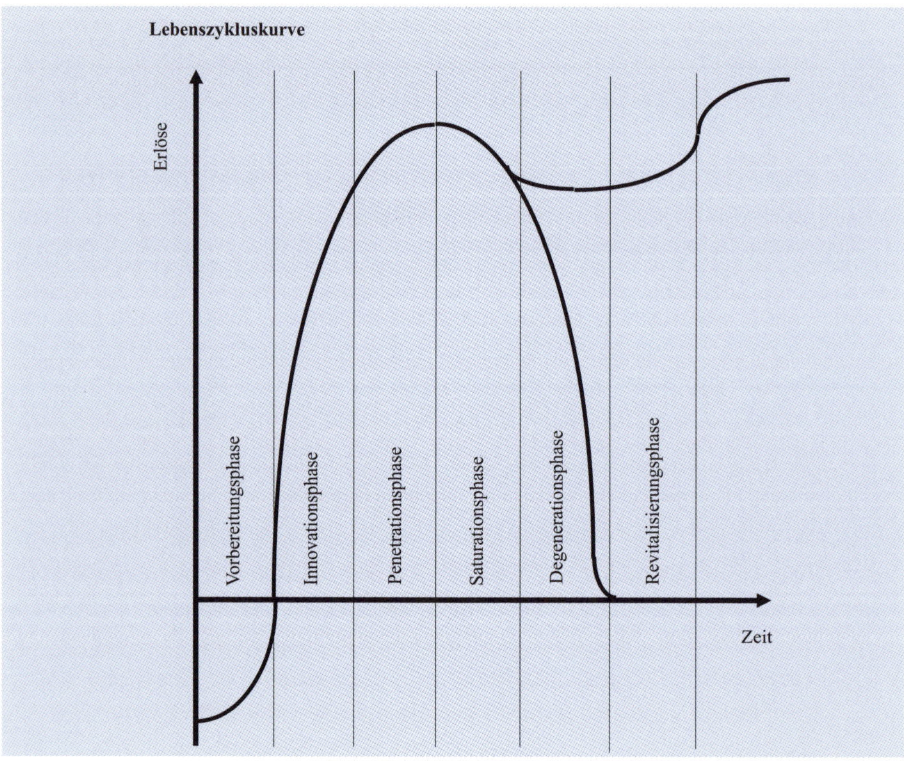

Dabei stellt sich praktisch das Problem, dass die Lebenszyklen infolge technischen Fortschritts immer rascher aufeinander folgen, sodass immer weniger Zeit bleibt, die immer erheblicheren, vorinvestierten Mittel zurückzuverdienen. Diese Verkürzung der At-Market-Phase bei gleichzeitiger Verlängerung der Pre-Market-Phase nennt man Zeitfalle. Ihr kann man zum Beispiel durch die Verlängerung der At-Market-Phase durch Relaunch, die Verkürzung der Pre-Market-Phase durch Simultaneous Engineering oder das Überspringen einer Vermarktungsphase entkommen.

Erkennen Sie, in welchem Lebenszyklusstadium sich Ihr Markt befindet. Das hat entscheidende Auswirkungen auf jede Planung.

Erkenntnisse der STEPP-Analyse

Nachdem durch die Lebenszyklus-Analyse eine erste Standortbestimmung erfolgt ist, ermöglicht die STEPP-Analyse eine nähere Beschreibung der vorzufindenden Vermarktungssituation. Dazu werden wichtige Einflussfaktoren auf den eigenen Markterfolg beleuchtet.

STEPP steht als Akronym für die Elemente:

- **sozio-kulturell**, also Geburtenrate, Bevölkerungsstruktur, Arbeitsmentalität, Freizeitverhalten, Sparneigung, Umweltbewusstsein etc.,
- **technologisch**, also Produktionstechnologie, Produkt- und Verfahrensinnovation, Substitutionsverfahren, Recycling-Technologie etc.,
- **erwerbswirtschaftlich**, also Entwicklung des Volkseinkommens, Höhe des Realzinssatzes, Konjunkturphase, Investitionsneigung etc.,
- **politisch-rechtlich**, also Gewerkschaftseinfluss, Sozialgesetzgebung, parteipolitische Entwicklungen, Investitionsanreize, tarifäre und nicht-tarifäre Handelshemmnisse etc.,
- **physisch**, also Verfügbarkeit von Energien und Rohstoffen, Umweltbelastung, klimatische Faktoren, Infrastruktur etc.

Durch Erfassung dieser Elemente wird es möglich, einen ersten, freilich noch groben Eindruck von der Marktsituation zu erhalten.

Beispiel Smart-Kleinstwagen:

- sozio-kulturelle Größen: Auto verliert angesichts »egalitärer« Verkehrssituation an Prestige-Funktion, stattdessen intelligente Differenzierung in der Gesellschaft durch Understatement (z.B. Edelmarken);
- technologische Größen: Hightech in allen Autoklassen, um gegen Restriktionen zu bestehen (Emission, Ressourcenverbrauch, Unfallgefahr etc.), Elektronik wird immer universeller und kostengünstiger verfügbar;
- erwerbswirtschaftliche Größen: stagnierende Realeinkommen, Notwendigkeit zu intelligentem Sparen (z.B. Discounter), Mobilität bleibt wichtiger Ausgabeposten im Budget, wird jedoch stärker hinterfragt;
- politisch-rechtliche Größen: hoher Reglementierungsaufwand, Steuern auf Kraftstoff- bzw. Flottenverbrauch, Tempolimits, Pkw-Maut in Sicht, Forcierung des ÖPNV;
- physische Größen: Verkehrsdichte steigt trotz sinkender Bevölkerungszahl, Energiekosten steigen unweigerlich, Umweltbelastung stößt an Grenzen.

Verwenden Sie für Ihre STEPP-Analyse am besten das vorliegende Formular.

Formular STEPP-Analyse

Welche sozio-kulturellen Merkmale kennzeichnen Ihr Branchenumfeld?

____

____

____

Welche technologischen Merkmale kennzeichnen Ihr Branchenumfeld?

____

____

____

Welche erwerbswirtschaftlichen (ökonomischen) Merkmale kennzeichnen Ihr Branchenumfeld?

____

____

____

Welche politisch-rechtlichen Merkmale kennzeichnen Ihr Branchenumfeld?

____

____

____

Welche physischen (natürlichen) Merkmale kennzeichnen Ihr Branchenumfeld?

____

____

____

Erkenntnisse der Umfeld-Analyse

Die Umfeld-Analyse schlägt die gleiche Richtung ein, ist jedoch enger ökonomisch fokussiert. Sie beinhaltet die Auswertung folgender Themenbereiche:

- **Markt**, d.h. Marktabgrenzung, Marktcharakterisierung in Bezug auf Entwicklungen, Eigenheiten, Schwerpunkte, Segmente, Einflussfaktoren wie Konjunktur- oder Saisonzyklen, aktuelles Marktvolumen, Marktpotenzial, Angebotsbreite und -tiefe am Markt, Trends, Innovationen etc.
- **Wettbewerb**, d.h. Marktanteile aktuell und im Zeitablauf, Marktanteile nach Menge und Wert, Anzahl der Mitbewerber und deren Gewichtung, Marketingeinstellung und Profilierung der Mitbewerber, Image-Dimensionen und Kompetenzen, Marketingmix-Einsatz, Markenpolitik, Wettbewerbsbeschränkungen, Außenwirtschaftsbeitrag etc.
- **Absatzkanal**, d.h. Anzahl und Merkmale der Absatzmittler, Autonomie der Handelsstufe, Betriebsformen des Handels, Distributionsdichte, regionale Verteilung des Absatzes, Regalplatzierung etc.
- **Endabnehmer**, d.h. Angebotskenntnis und -einstellung, Informations- und Entscheidungsverhalten, Qualitätserwartung und -bedarf, Markenakzeptanz und -treue, Käufer- und Verwenderschaftsstrukturen, Soziodemografie, Entscheidungskriterien, Lifestyle-Merkmale etc.
- **eigenes Angebot**, d.h. Physis nach Eigenschaften und Anwendungen, Programmverbund, Ausstattung/Packung, komparative Produktbeurteilung, Lebenszyklusstadium, Preis-Leistungs-Relation, Kommunikation etc.

- **Randbedingungen**, z.B. Marktforschungsergebnisse, unternehmenspolitische Vorgaben, rechtliche Restriktionen, Timing, Unternehmensziele etc.

Für die Umfeld-Analyse Ihres Marktes nutzen Sie am besten das vorliegende Formular.

Formular Umfeld-Analyse

Marktbedingungen:

____

____

____

Wettbewerbsbedingungen:

____

____

____

Absatzkanalbedingungen:

____

____

____

Endabnehmer (privat/gewerblich):

____

____

____

Eigenes Angebot:

____

____

____

Randbedingungen:

____

____

____

Im Ergebnis kommt es zu einer aussagefähigen Verdichtung mit Herausarbeitung lösungsrelevanter Tatbestände.

Erkenntnisse der Branchenstruktur-Analyse

Die Branchenstruktur-Analyse (nach M. E. Porter) betrachtet fünf Marktgrößen als Determinanten für das eigene Planverhalten: Lieferanten, Abnehmer, aktuelle Konkurrenten, substitutive Konkurrenten und potenzielle Konkurrenten. Dabei werden vermachtete Märkte vorausgesetzt und unterstellt, dass kein Beteiligter zögert, ein Machtsaldo zu eigenen Gunsten für sich auszunutzen (opportunistisches Verhalten). Es ist daher unerlässlich, die eigene Machtposition relativ zu den fünf anderen Marktkräften zu bestimmen und dies beim planerischen Vorgehen zu berücksichtigen.

Die **Lieferantenmacht** ist hoch, wenn

- der Konzentrationsgrad in dieser Branche hoch ist,
- die technische Bedeutung des bezogenen Produkts hoch ist,
- der Wertschöpfungsanteil der Lieferbranche am Endprodukt hoch ist,
- die Umstellungskosten für Abnehmer bei Lieferantenwechsel hoch sind,
- eine Gefahr der Vorwärtsintegration der Lieferanten besteht,
- die Auftragsvolumenbedeutung des Abnehmers für Lieferanten gering ist,
- der Differenzierungsgrad des Lieferangebots hoch ist.

Die **Abnehmermacht** ist hoch, wenn

- ein Abnehmer hohes Absatzvolumen auf sich vereint,
- die Differenzierung der Lieferprodukte gering ausgeprägt ist,
- die Kosten eines Lieferantenwechsels für den Abnehmer niedrig ausfallen,
- die Ertragslage in der Abnehmerbranche gut und die in der Lieferantenbranche schlecht ist,
- die Markttransparenz über die Lieferantenbranche hoch ist,
- die Möglichkeit zur Eigenfertigung durch den Abnehmer besteht,
- die technische Bedeutung des bezogenen Produkts gering ist,
- die Preisempfindlichkeit des Abnehmers hoch ist.

Die Macht **aktueller Konkurrenten** ist hoch, wenn

- nach Ansicht des Abnehmers nur geringe Unterschiede zwischen den Angeboten bestehen,
- der Kapazitätsauslastungsgrad gering ist und hohe Leerkosten bestehen,
- zahlreiche, annähernd gleich ausgestattete Mitbewerber vorhanden sind,
- hohe Marktaustrittsbarrieren für die Branche gegeben sind,
- eine hohe Markttransparenz oder -intransparenz in der Branche gegeben ist,
- das Branchenwachstum niedrig oder rückläufig ist,
- die Umstellungskosten zwischen konkurrierenden Angeboten für Abnehmer niedrig sind,
- der Konzentrationsgrad in der Branche hoch und ungleichmäßig verteilt ist.

Die Macht **substitutiver Konkurrenten** ist hoch, wenn

- die Produkte der Branche relativ teuer in Relation zum Budget der Nachfrager sind,
- Einkommen und Budgets der Abnehmer stagnieren,
- ein geringer Grad an Kundenbindung (Produktloyalität/Markentreue) bei Abnehmern gegeben ist,
- der Produktlebenszyklus zeitlich bereits weit fortgeschritten ist,
- die Umstellungskosten vom einen auf ein anderes Produkt für Abnehmer niedrig sind.

Die Macht **potenzieller Konkurrenten** ist hoch, wenn

- das Marktwachstum der Branche hoch und die Marktattraktivität damit groß ist,
- die Austrittsbarrieren aus dem Markt niedrig ausfallen,
- die Kapitalkraft der aktuellen Anbieter vergleichsweise niedrig ausfällt,
- die Profitabilität der Branche hoch ist,
- der Grad an Produktdifferenzierung in der Branche wenig ausgeprägt ist,

- keine Monopoleffekte bei den bisherigen Anbietern vorliegen (wie gewerbliche Schutzrechte, Größendegressionseffekte, Distributionszugang etc.),
- die Marktstruktur eher durch kleine und mittelständische Anbieter charakterisiert ist,
- ein Markteintritt nur wenig Kapitaleinsatz erfordert,
- die Umstellungskosten für Abnehmer niedrig bleiben.

Beispiel: Branchenstruktur-Analyse für die Druckindustrie:

- Lieferantenmacht: hoher Konzentrationsgrad bei Papierherstellern und Maschinenlieferanten, Preisdiktat der Papierhersteller, lange Lieferzeiten bei Maschinenlieferanten, rasch abfolgende technische Neuerungen mit Zwang zu kontinuierlichen Ersatzinvestitionen;
- Abnehmermacht: geringe Kundenbindung infolge niedriger Wechselkosten und austauschbarer Produkte, stark fragmentierte Nachfrage, rückläufiges Nachfragevolumen (papierloses Büro, Internet), verändertes Informations- und Kommunikationsverhalten (E-Mail, Mobiltelefon statt Brief);
- Macht aktueller Konkurrenten: stark fragmentierter Markt, wenig Differenzierungsmöglichkeiten bei Produkten, hohe Konjunkturabhängigkeit, zunehmende Kapitalbindung durch komplexe maschinelle Anlagen, Überkapazitäten, sinkende Renditen durch Preiskampf, zunehmender Verdrängungswettbewerb, steigender Konzentrationsgrad in der Branche;
- Macht substitutiver Konkurrenten: neue Medien, neue Verfahrenstechniken (Internet, elektronische Datenbanken statt Nachschlagewerke, Electronic Publishing statt Druck), Desktop Publishing;
- Macht potenzieller Konkurrenten: Copyshops (Digitaldruck-Center) für Kleinauflagen, Internationalisierung durch Anbieter mit deutlich günstigeren Standortkosten.

Nutzen Sie für die Branchenstruktur-Analyse in Ihrem Fall wiederum das vorliegende Formular.

Formular Branchenstruktur-Analyse

Über welche Machtbasen verfügen Ihre Lieferanten Ihrem Unternehmen gegenüber?

____

____

____

Über welche Machtbasen verfügen Ihre Abnehmer Ihrem Unternehmen gegenüber?

____

____

____

Über welche Machtbasen verfügen aktuelle Konkurrenten Ihrem Unternehmen gegenüber?

____

____

____

Über welche Machtbasen verfügen substitutive Konkurrenten Ihrem Unternehmen gegenüber?

____

____

____

Über welche Machtbasen verfügen potenzielle Konkurrenten Ihrem Unternehmen gegenüber?

____

____

____

Erkenntnisse der Ressourcen-Analyse

Bei der Ressourcen-Analyse geht es um die Beurteilung der maximal nutzbaren Leistungsfähigkeit des eigenen Unternehmens in Relation zu den wichtigsten Konkurrenten in Bezug auf betriebswirtschaftliche Kriterien. Ihr kommt damit die Funktion eines Benchmarketings zu. Dazu geht man folgendermaßen vor:

- Die jeweils beurteilungsrelevanten Kriterien werden ausgewählt (z.B. güter-, geld-, informationswirtschaftliche Positionen).
- Zugleich wird ein Bewertungssystem als Skalierung festgelegt, die Skalenwerte werden untereinander abgetragen.
- Die für die Beurteilung heranzuziehenden Konkurrenten (mindestens der Marktführer) werden bestimmt.

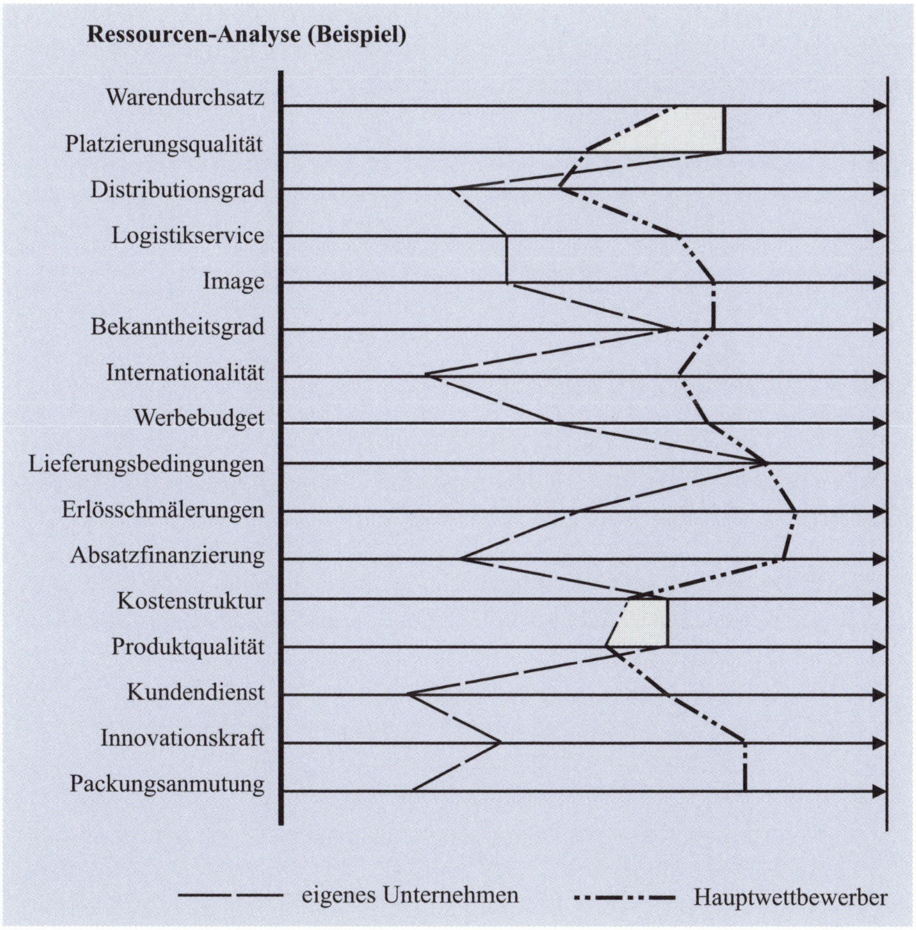

- Für jedes Kriterium werden die eigenen Ressourcen und die der Konkurrenten ermittelt und bewertet. Dies kann auf Basis objektiver Daten oder subjektiver Schätzungen erfolgen.

- Für die grafische Darstellung werden die Beurteilungen getrennt für das eigene Unternehmen und jeden Konkurrenten zu einer Profillinie verbunden. Der Abstand der Linien gibt über das Ausmaß des Ressourcenvorsprungs/-rückstands beim jeweiligen Kriterium Auskunft (siehe dazu Abbildung »Ressourcen-Analyse«).

Kriterien, bei denen das eigene Unternehmen ressourcenüberlegen ist, erlauben ein offensives Herangehen, und Kriterien, bei denen der/die Konkurrent/en ressourcenüberlegen ist/sind, legen ein defensives Herangehen nahe. Insofern ergibt sich eine erste planerische Orientierung.

Im vorliegenden Formular finden Sie Kriterien, die beispielhaft für Leistungsfähigkeit stehen. Setzen Sie hier die für Ihren Fall relevanten Kriterien ein und vergleichen Sie die Ressourcen Ihres Unternehmens mit denen der Konkurrenz.

Erkenntnisse der Potenzial-Analyse

Bei der Potenzial-Analyse geht es um die Beurteilung der im eigenen Unternehmen bereits genutzten relativ zu den insgesamt dort nutzbaren Leistungen (Ressourcenausschöpfung). Dazu geht man folgendermaßen vor:

- Die jeweils beurteilungsrelevanten Kriterien werden ausgewählt und ein Bewertungssystem als untereinander gestellte Skalierung wird dafür festgelegt.
- Für jedes Kriterium werden die bereits genutzten Leistungen des Unternehmens ermittelt und bewertet. Dies kann anhand objektiver Daten oder subjektiver Schätzungen erfolgen.
- Für jedes Kriterium werden weiterhin die maximal nutzbaren Leistungsfähigkeiten des Unternehmens ausgewiesen (aus der Ressourcen-Analyse übernommen).
- Beide Werte, genutzte Leistungen und nutzbare Leistungsfähigkeiten, werden in der Skalierung abgetragen und durch zwei getrennte Profillinien verbunden.
- Der Abstand der Linien gibt über das Ausmaß der bereits erreichten Ausschöpfung gegebener Leistungsfähigkeiten bei jedem Kriterium Auskunft (siehe dazu Abbildung »Potenzial-Analyse«).

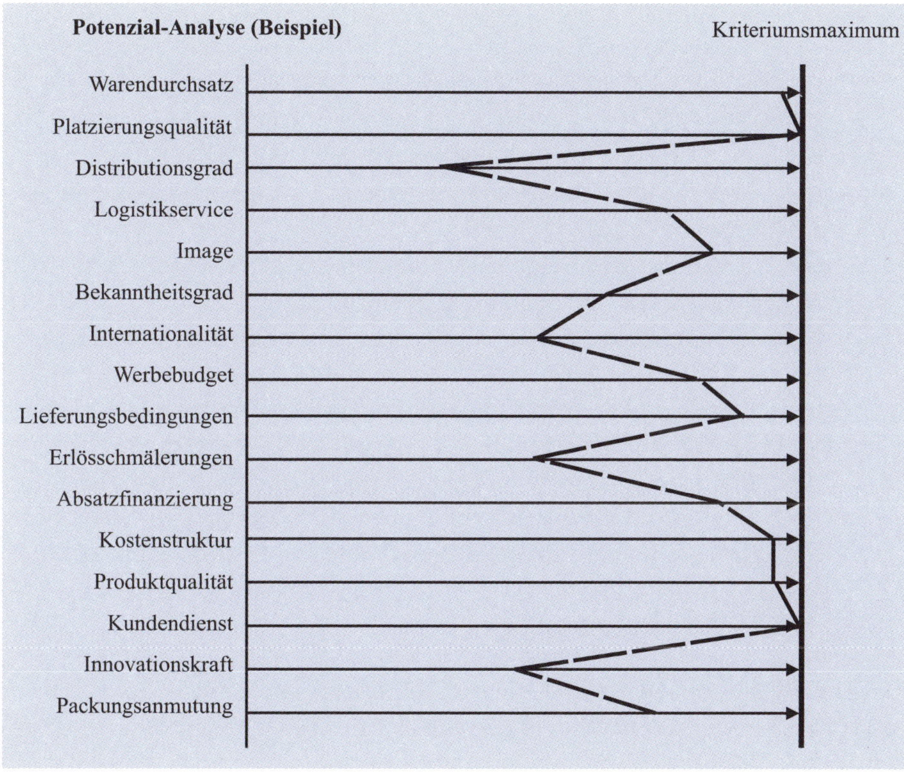

Kriterien, bei denen im gegebenen Zustand das Potenzial noch nicht voll ausgeschöpft ist, bieten Entwicklungschancen; bei Kriterien, die bereits weitgehend ausgeschöpft sind, ist dies nicht der Fall. Insofern ergeben sich Hinweise auf nutzbare Hebelwirkungen.

Im vorliegenden Formular finden Sie Kriterien, die beispielhaft für Leistungsfähigkeiten stehen. Setzen Sie hier die für Ihren Fall relevanten Kriterien ein und tragen Sie deren Ausschöpfung in Ihrem Unternehmen ab.

Erkenntnisse der Stärken-Schwächen-Analyse

Die Stärken-Schwächen-Analyse betrachtet die tatsächliche Situation des eigenen Unternehmens in Relation zu Konkurrenten anhand eines Kriterienkatalogs. Die Vorgehensweise dazu ist wie folgt:

- Die zur Beurteilung der eigenen Situation jeweils relevanten Kriterien werden ausgewählt.
- Der/die wichtigsten Konkurrenzanbieter wird/werden ausgewählt.
- Es wird ein Bewertungssystem anhand einer Skalierung festgelegt.
- Für jedes Kriterium werden die Beurteilungen des eigenen Unternehmens und des/der Konkurrenten bestimmt. Dies erfolgt anhand objektiver Daten oder Expertenurteil.
- Die Beurteilungen des eigenen Unternehmens und des/der Konkurrenten werden auf der Skalierung abgetragen.
- Daraus ergeben sich Kriterien, in denen das eigene Unternehmen besser beurteilt wird als der/die Konkurrent/en. Dies ist eine Stärke. Und es ergeben sich Kriterien, in denen der/die Konkurrent/en besser beurteilt wird/werden als das eigene Unternehmen. Dies ist eine Schwäche.
- Verbindet man die Beurteilungen je Kriterium für das eigene Unternehmen und den/die Konkurrenten, ergeben sich Stärken-Schwächen-Profile. Daraus kann man komparative Stärken und Schwächen in Bezug auf die gewählten Kriterien ablesen (siehe Abbildung: Muster einer Stärken-Schwächen-Analyse).

Hinsichtlich der Konsequenzen kann generell gesagt werden, dass man Stärken unterstützen soll und Schwächen vernachlässigen kann, solange sie keinen Engpass für den Unternehmenserfolg darstellen.

Dies widerspricht dem schon in der Schule anerzogenen Reflex, an seinen Schwächen zu arbeiten. Aber die Hebelwirkung dort ist viel zu gering, als dass signifikante Verbesserungen erreicht werden können. Hingegen ist die Hebelwirkung bei den Stärken mit gleichem Ressourceneinsatz weitaus größer. Dies gilt nur dann nicht, wenn die Schwächen existenzbedrohend sind.

Muster einer Stärken-Schwächen-Analyse (Spektraldiagramm)

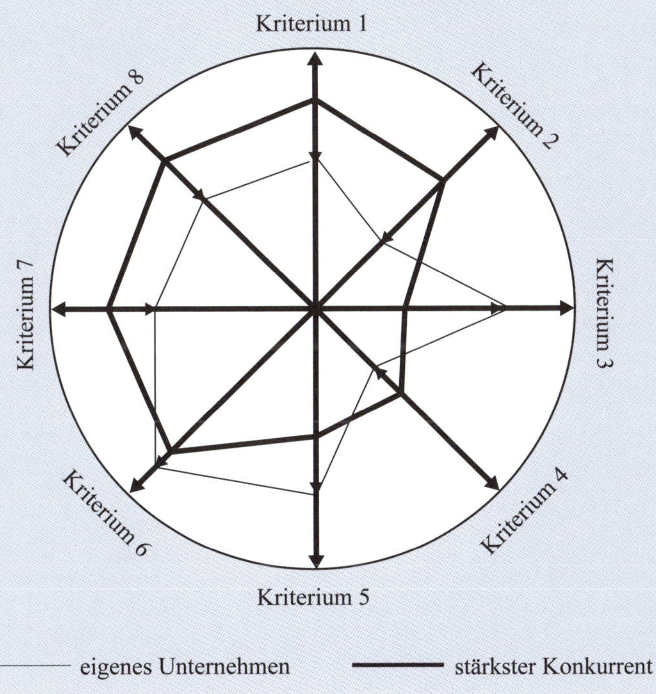

Die Darstellung in Form eines Spektraldiagramms (Spiderweb) wie im vorliegenden Muster ist keinesfalls zwingend, Sie können auch eine beliebige andere Darstellung wählen. Jedoch hat sich das Spektraldiagramm als sehr anschaulich erwiesen.

Welche Kriterien jeweils relevant sind, hängt von Ihrer Planungsumgebung ab. Tragen Sie in das vorliegende Formular die Kriterien ein, in denen Ihr Unternehmen eine Stärke oder eine Schwäche hat. Im Beispiel wären Stärken die Kriterien 3, 5 und 6, Schwächen die Kriterien 1, 2, 4, 7 und 8.

Formular Stärken-Schwächen-Analyse

Diese Kriterien sind aus Markt- und Nachfragesicht für die Angebotsbeurteilung relevant:

____

____

____

Diese(r) Konkurrent(en) dient/dienen als Benchmark:

____

____

____

Beurteilung der eigenen Position hinsichtlich dieser Kriterien relativ zum Mitbewerb:

eigene Überlegenheit (= Stärke):

____

____

____

Überlegenheit der Konkurrenz (= Schwäche):

____

____

____

Ohne eine gründliche Ist-Situations-Analyse ist eine sinnvolle Marketingplanung unmöglich.

So erstellen Sie eine SWOT-Analyse

SWOT ist ein Akronym aus den Begriffen Strengths, Weaknesses, Opportunities und Threats, also eine kombinierte Stärken-Schwächen- und Chancen-Risiken-Analyse.

Hinsichtlich der **Stärken** und **Schwächen** kann auf die Erkenntnisse der Stärken-Schwächen-Analyse zurückgegriffen werden.

Die **Chancen-Risiken-Analyse** betrachtet demgegenüber die marketingbezogene Entwicklung der relevanten Umfeldfaktoren in Bezug auf das eigene Unternehmen anhand eines Kriterienkatalogs mit Faktoren wie Markteintritt eines Konkurrenten, Abweichen des Marktpreisniveaus, Nichtverfügbarkeit geeigneter Mitarbeiter, fehlende Rohstoffvorräte und so weiter. Die Vorgehensweise dazu ist wie folgt:

- Es werden die für das Unternehmen relevanten Umfeldfaktoren gesichtet und selektiert. Dabei handelt es sich um Faktoren wie Markteintritt von Konkurrenten, Marktzinsniveau, Verfügbarkeit von Ressourcen, Kaufkrafttrend der Nachfrage, politischer Kurs etc.
- Für diese ergeben sich Entwicklungen, die positiv für das eigene Unternehmen zu werden versprechen, dies sind Chancen. Und es ergeben sich Entwicklungen, die negativ für das eigene Unternehmen zu werden drohen, dies sind Risiken.
- Für jeden der verbleibenden Faktoren wird daher die voraussichtliche zukünftige Entwicklung prognostiziert und mit einer relativen Eintrittswahrscheinlichkeit bewertet (z.B. 1–10 Punkte).
- Aus diesen Entwicklungen wird der Grad der Auswirkungen für das Marktumfeld abgeleitet, wiederum anhand einer Punktbewertung (z.B. 1–10 Punkte).
- Multipliziert man Eintrittswahrscheinlichkeiten und Auswirkungsgrade, so ergeben sich Best-Case- und Worst-Case-Szenarios (z.B. 1–100 Punkte), die für den Marketingplan im Weiteren zugrunde gelegt werden können.

Formular Chancen-Risiken-Analyse

Entwicklung der relevanten Umfeldfaktoren	Eintrittswahrscheinlichkeit (1 – 10 Punkte)	Auswirkungsgrad bei Eintritt (1 – 10 Punkte)	Chancen-Szenario (positiv wirkend) (1 – 100 Punkte)
-------------------	----------------	----------------	-------------------
-------------------	----------------	----------------	-------------------
-------------------	----------------	----------------	-------------------
-------------------	----------------	----------------	-------------------
-------------------	----------------	----------------	-------------------
-------------------	----------------	----------------	-------------------
-------------------	----------------	----------------	-------------------
-------------------	----------------	----------------	-------------------
-------------------	----------------	----------------	-------------------
-------------------	----------------	----------------	-------------------
			Risiken-Szenario (negativ wirkend) (1 – 100 Punkte)

Tragen Sie die für Ihr Unternehmen geltenden Chancen und Risiken in das vorliegende Formular ein.

Die weitere Vorgehensweise kann in zwei Alternativen unterteilt werden. Erstens die einfache **Stärken-Schwächen-Chancen-Risiken-Matrix**. Dabei wird eine Vierfelder-Matrix erstellt. In die oberen beiden Zellen werden die festgestellten Schwächen beziehungsweise die Stärken abgetragen, in die unteren beiden die festgestellten Risiken und Chancen (siehe Abbildung: Stärken-Schwächen-Chancen-Risiken-Matrix). Damit ist der Ist-Situations-Analyse Rechnung getragen.

Stärken-Schwächen-Chancen-Risiken-Matrix

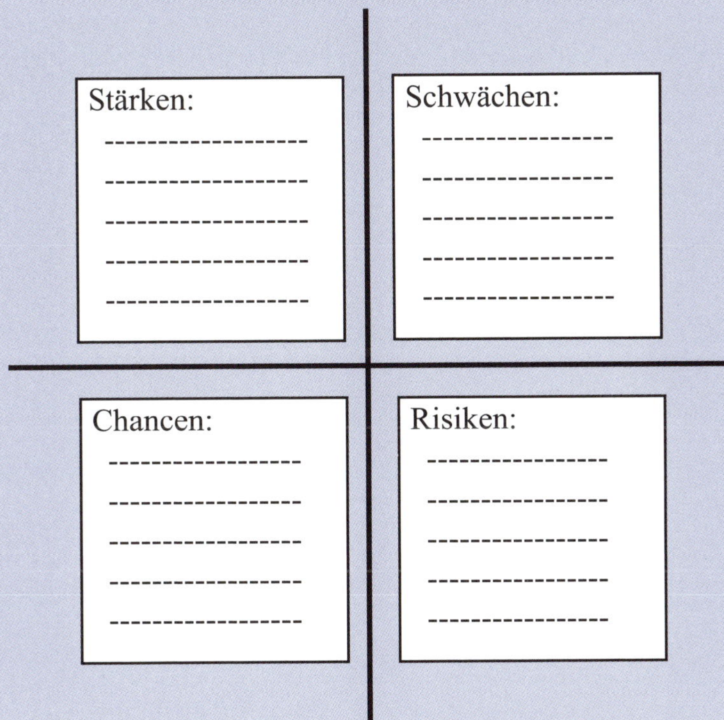

Die **SWOT-Analyse** bietet in einer erweiterten Form jedoch bereits die Möglichkeit, dass über die reine Diagnose hinaus schon erste Empfehlungen in Richtung einer später einzuschlagenden Strategie gegeben werden. Dazu wird die Vierfelder-Matrix um je zwei Kopfzeilen- und Kopfspaltenfelder ergänzt:

Die weitere Vorgehensweise zur Erstellung einer SWOT-Analyse ist dann wie folgt:

- Die in der Stärken-Schwächen-Analyse identifizierten Schwächen werden in der Kopfzeile einer Matrix links abgetragen.
- Die in der Stärken-Schwächen-Analyse identifizierten Stärken werden in der Kopfzeile dieser Matrix rechts abgetragen.
- Die in der Chancen-Risiken-Analyse identifizierten Chancen werden in der Kopfspalte der Matrix oben abgetragen.

- Die in der Chancen-Risiken-Analyse identifizierten Risiken werden in der Kopfspalte der Matrix unten abgetragen.

Nutzen Sie zur Erstellung Ihrer SWOT-Analyse am besten das vorliegende Formular. Merken Sie erste Erkenntnisse vor.

SWOT-Matrix	**Schwächen:**	**Stärken:**
Chancen:	WO-Aktivitäten (Aufholen):	SO-Aktivitäten (Ausbauen):
Risiken:	WT-Aktivitäten (Abbauen):	ST-Aktivitäten (Absichern):

Aus den Zuordnungen der Felder zueinander ergeben sich folgende Strategieempfehlungen:

- Treffen Angebotsschwächen und Umfeldchancen zusammen (WO), heißt es ausnahmsweise, die komparativen Rückstände aufzuholen, da ansonsten die Chancen des Marktes nicht genutzt werden können.
- Treffen Angebotsstärken und Umfeldchancen zusammen (SO), heißt es, die eigene Position auszubauen, da das Angebot konkurrenzüberlegen ist und vom Markt »Rückenwind« erhält.
- Treffen Angebotsstärken und Umfeldrisiken zusammen (ST), heißt es, die eigene Position abzusichern, um sich gegen Rückschläge zu schützen, welche die komparativen Vorteile zunichtemachen.

- Treffen Angebotsschwächen und Umfeldrisiken zusammen (WT), heißt es, die Marktposition unbedingt abzubauen, da diese weder konkurrenzüberlegen noch zukunftsträchtig ist.

Dies zeigt schon die strategischen Prioritäten an. Allerdings ist die SWOT-Analyse noch viel zu unscharf und zu wenig präzise. Daher entstand der Wunsch nach einer exakteren Fassung der Dimensionen. Vor allem geht es dabei um die Operationalisierung, d.h. Messbarmachung der qualitativen Größen der SWOT-Analyse.

Normstrategien in der Portfolio-Analyse (BCG) als Hilfe

Portfolio-Dimensionen

Die SWOT-Analyse ist der unmittelbare Vorläufer des Vierfelder-Portfolios (nach Boston Consulting Group). Allerdings werden darin die qualitativen, weichen Dimensionen Stärken, Schwächen, Chancen und Risiken durch quantitative, exakte Dimensionen ersetzt. Die Abszisse (Stärken-Schwächen-Dimension) wird durch den »relativen Marktanteilswert« gebildet, die Ordinate (Chancen-Risiken-Dimension) durch die »durchschnittliche Marktwachstumsrate«.

Die Wahl dieser Größen ist nicht zufällig. Hinter der Abszisse wird die Kostendegressionskurve gesehen. Die Kostendegression besagt, dass die Stückkosten mit zunehmender Ausbringung sinken, weil die Fixkosten sich mit steigender Stückzahl immer besser je Stück umlegen lassen. Je niedriger die Stückkosten, desto besser ist die Konkurrenzposition. Daher spiegelt die Kostendegressionskurve die Stärken beziehungsweise Schwächen wider. Die Ausbringungsmenge drückt sich im Marktanteil aus. Da Stärken beziehungsweise Schwächen immer komparativ sind, kommt es nicht auf die absolute Höhe des Marktanteils an, sondern auf die Marktanteilshöhe relativ zum größten Konkurrenten. Genau dies gibt der relative Marktanteilswert als Quotient wieder.

Hinter der Ordinate wird die Marktlebenszykluskurve gesehen, bei der zu Beginn des Lebenszyklus die Chancen die Risiken überwiegen, weil ein Wachstumstrend zugrunde liegt, wohingegen am Ende die Risiken die Chancen überwiegen, weil man sich auf die Marktsättigung hinbewegt. Daher wird die Marktwachstumsrate als Indikator für Chancen beziehungsweise Risiken gesehen. Dafür wird ein Durchschnittswert der vergangenen und zukünftigen Jahre auf Basis von Expertenschätzung zugrunde gelegt.

Im Unterschied zu Stärken und Schwächen beziehungsweise Chancen und Risiken liegen nunmehr metrisierbare Skalenwerte in Form des relativen Marktanteilwerts und der durchschnittlichen Marktwachstumsrate vor.

Der relative Marktanteil ergibt sich wie folgt:

$$\frac{\text{eigener Marktanteil in \%}}{\text{Marktanteil des stärksten Konkurrenten in \%}}$$

Ein Wert >1 bedeutet daher, dass das eigene Unternehmen Marktführer ist (Zähler > Nenner), ein Wert <1 bedeutet, dass der Konkurrent Marktführer ist (Zähler < Nenner). Der Wert schwankt zwischen null und unendlich.

Portfolio-Matrix

Die Portfolio-Matrix sieht nun folgendermaßen aus:

- Die Abszisse (horizontal) wird durch den relativen Marktanteilswert gebildet. Dabei wird meist beim Wert von 1 eine Senkrechte eingezogen (mathematisch: das Lot gefällt).
- Die Ordinate (vertikal) wird durch die durchschnittliche Marktwachstumsrate gebildet. Dabei wird in Höhe eines Erfahrungsmittelwerts eine Waagerechte eingezogen (das Lot gefällt).

Vierfelder-Portfolio

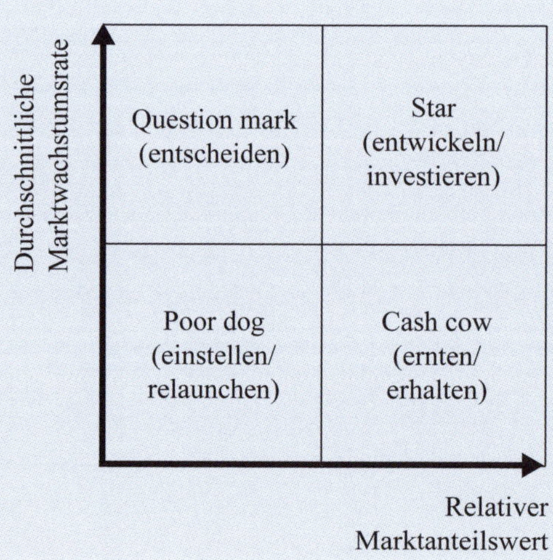

So entstehen vier Felder, für die strategische Empfehlungen gegeben werden (siehe Abbildung »Vierfelder-Portfolio«).

Allerdings wird zur detaillierteren Analyse nicht mehr das gesamte Unternehmen untersucht, sondern vielmehr einzelne strategische Geschäftseinheiten (SGE). Eine **strategische Geschäftseinheit** ist eine Produkt-Markt-Kombination im Unternehmen als interne Steuerungsgröße. Diese Einteilung muss nicht mit der Organisationsstruktur übereinstimmen. Wichtig ist nur, dass jede Unternehmenseinheit, die ein marktunverbundenes Produkt auf einem eigenständigen Nachfragesegment anbietet, als SGE gesehen wird.

Solche Strategischen Geschäftseinheiten sind beim Energiekonzern Eon etwa:

- Preussenelektra (Strom), Bayernwerk (Strom), Veba Oel,
- Degussa-Hüls (Chemie), SKW Trostberg (Chemie),
- Viag Intercom (Festnetztelefon), Viterra (Immobilien), Stinnes (PV-Handel), Klöckner & Co (PV-Handel),
- Schmalbach-Lubeca (Verpackungen), Gerresheimer Glas, VAW Aluminium, Veba Electronics, MEMC (Industrie).

Strategische Geschäftseinheiten beim Medienkonzern Bertelsmann sind folgende:

- RTL Group (Fernsehen und Hörfunk),
- Arvato (Druckdienstleistungen),
- Gruner & Jahr (Printverlag),
- BMG (Musikverlag),
- Direct Group (Dialogmarketing),
- Random House (Buchverlag).

Alle SGEs werden hinsichtlich ihres Anteils am Gesamtumsatz des Unternehmens ausgewiesen. Jede SGE wird hinsichtlich der Dimensionen »relativer Marktanteilswert« und »durchschnittliche Marktwachstumsrate« bewertet. Dadurch ist ihre Position innerhalb der Matrix als Koordinatenschnittpunkt bestimmt. Analog zu ihrem Anteil am Gesamtumsatz wird um den Schnittpunkt ein Kreis mit proportionalem Radius gezogen.

Damit sind alle drei Größen des BCG-Portfolios bestimmbar, nämlich relativer Marktanteilswert, durchschnittliche Marktwachstumsrate und Kreisgröße der SGE.

Nutzen Sie für die Errechnung der Kenngrößen das vorliegende Formular. Dazu definieren Sie zunächst Ihre Untersuchungseinheiten, die SGEs (Produkt-Markt-Kombinationen). Errechnen Sie dann den prozentualen Anteil jeder SGE am Unternehmensumsatz, anschließend den relativen Marktanteilswert, und legen Sie sich auf eine durchschnittliche Marktwachstumsrate fest. Erstellen Sie nun Ihr Portfolio, ebenfalls anhand des vorliegenden Formulars. Skalieren Sie dazu die Achsen und tragen Sie die Koordinaten ab. Schlagen Sie um jeden Koordinatenschnittpunkt einen Radius im Anteil der jeweiligen SGE. Wie groß Sie den Radius wählen, ist sekundär; wichtig ist, dass der Maßstab für alle SGE der gleiche ist (siehe Abbildung: Muster eines Vierfelder-Portfolios).

Formular Vierfelder-Portfolio

Folgende Strategische Geschäftseinheiten (Produkt-Markt-Kombinationen) werden gebildet:

A. ______________________________

B. ______________________________

C. ______________________________

D. ______________________________

E. ______________________________

SGEs	Anteil der SGE am Unternehmensumsatz in % (Maßstab für Kreisradius)	eigener Anteil am für die betreffende SGE relevanten Markt in %	Marktanteil des stärksten Konkurrenten an diesem Markt in %	relativer Marktanteilswert (= eigener Marktanteil: Marktanteil des stärksten Konkurrenten) (= Abszisse)	durchschnittliche, mittelfristige Marktwachstumsrate am jeweils relevanten Markt in % (= Ordinate)
A					
B					
C					
D					
E					

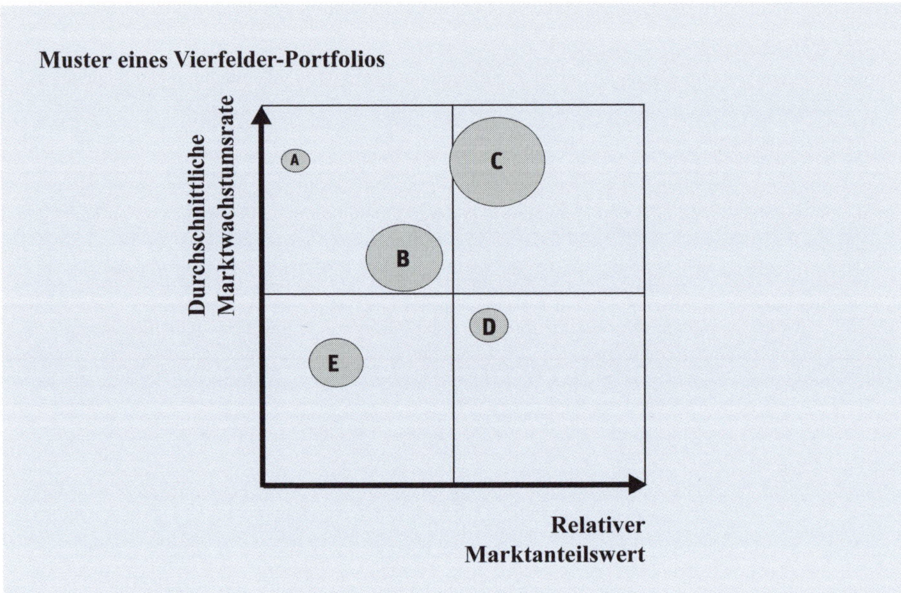

Strategieempfehlungen

Die vier entstehenden Felder der Matrix sind mit anschaulichen Namen versehen, was sicherlich zur Popularität dieser Analyseform beigetragen hat:

- Die Kombination aus hohem Durchschnittsmarktwachstum und niedrigem Relativmarktanteil heißt **Fragezeichen**.
- Die Kombination aus hohem Durchschnittsmarktwachstum und hohem Relativmarktanteil heißt **Sterne**.
- Die Kombination aus niedrigem Durchschnittsmarktwachstum und hohem Relativmarktanteil heißt **Melkkühe**.
- Die Kombination aus niedrigem Durchschnittsmarktwachstum und niedrigem Relativmarktanteil heißt **Arme Hunde**.

Je nachdem, in welchem dieser Felder sich eine strategische Geschäftseinheit topografisch befindet, gilt für diese eine andere strategische Normempfehlung. Diese Normstrategien lauten wie folgt:

- Fragezeichen: Für diese SGEs gilt es zu entscheiden, ob sie das Potenzial zur Marktführerschaft haben oder nicht. Entsprechend ist in sie zu investieren oder sie werden eliminiert. In jedem Fall ist die Cashflow-Bilanz negativ.

- Sterne: Für diese SGEs gilt, die Marktführerschaft auszubauen. Dementsprechend sind hier massive Investitionen zu tätigen. Zugleich erfolgen erhebliche Mittelrückflüsse. Die Cashflow-Bilanz ist ausgeglichen.
- Melkkühe: Für diese SGEs gilt, dass nur mehr Ersatzinvestitionen getätigt werden. Daher ergeben sich hohe Mittelüberschüsse. Die Cashflow-Bilanz ist demnach positiv.
- Arme Hunde: Für diese SGEs gilt, dass sie zu eliminieren sind, sofern es nicht möglich erscheint, sie mit neuer Marktdynamik und Positionsstärkung zu versehen. Die Cashflow-Bilanz ist ausgeglichen.

Bei **Fragezeichen** heißt es zu selektieren, welche von ihnen förderungswürdig sind – denn um alle SGEs gleichermaßen zu unterstützen, reichen in der Regel die Finanzmittel nicht aus – und welche besser nach einer Testphase aus dem Markt genommen werden. Dann muss spekulativ investiert und das damit verbundene Initialrisiko getragen werden. Hohem Einführungsaufwand steht noch ein niedriger Marktanteil gegenüber. Mithilfe von Offensivstrategien sollen Erfahrungseffekte erreicht werden. Stetige Kontrolle hält die Verluste in Grenzen. Ziel ist es, das Marktwachstum zu übertreffen.

Der Instrumentaleinsatz erfolgt durch Produktspezialisierung, gezielte Vergrößerung der Abnehmermärkte, tendenzielle Niedrigpreissetzung und stark forcierte Vertriebspolitik. Damit verbundene Risiken werden akzeptiert und Erweiterungsinvestitionen vorgenommen. Der Liquiditätsverbrauch und die Unsicherheit über die Marktentwicklung sind hoch, deshalb kann sich ein Unternehmen nur eine begrenzte Anzahl solcher Fragezeichen leisten. Dies ist auch erforderlich, um ein ausgewogenes Portfolio zu bewahren.

Bei **Sternen** ist es angezeigt, diese zu fördern und durch Investitionen in Richtung Marktführerschaft zu bewegen. Das Risiko verringert sich im Zeitablauf mit den ersten Mittelrückflüssen. Der Instrumentaleinsatz erfolgt durch Aktivitäten wie Programmausbau, Verbreiterung der Abnehmerbasis, Anstreben der Preisführerschaft und aktivem Einsatz von Absatzförderungsmaßnahmen. Damit verbundene Risiken werden akzeptiert und vertretbare Neu- sowie Reinvestitionen vorgesehen. Die SGEs erwirtschaften bereits Gewinne. Zur Erhaltung der Position erfordern sie jedoch hohe finanzielle Mittel, welche den Netto-Cashflow belasten. Dafür steigt der Mittelrückfluss kontinuierlich an. Daher greifen Maßnahmen wie ein vertretbares Maximum an Erweiterungsinvestitionen, das Akzeptieren von Risiken und die Aktivierung der Vertriebspolitik.

Bei **Melkkühen** heißt es, diese zu pflegen, aber keine zusätzlichen Investitionen darin zu tätigen. Ein hoher Marktanteil schafft Kostensenkungspotenzial. Mit den daraus resultierenden Überschüssen wird das Wachstum anderer SGEs finanziert. Risiken bleiben in engen Grenzen. Die Marktposition ist unter allen Umständen zu halten, um die Abschöpfung hoher Gewinnmargen zu sichern. Im Mittelpunkt stehen Konkurrenzabwehr, Preisstabilisierung, Kundenbindung und Absatzförderung. Da außer Ersatzinvestitionen keine Liquiditätsabflüsse vorhanden sind, können Gewinne »geerntet« werden. Melkkühe sind zahlreich und haben eine hohe Bedeutung im Unternehmen. Anzustreben ist ein Anteil von mindestens 50 Prozent am Umsatz.

Bei **Armen Hunden** gilt es, die Risiken zu minimieren, indem desinvestiert und das Angebot stufenweise oder ganz vom Markt genommen wird – es sei denn, es werden Chancen zum Relaunch durch Produktvariation gesehen. Der Instrumentaleinsatz erfolgt durch Programmbegrenzung, Rückzug von Absatzmärkten, tendenzielle Hochpreissetzung, begrenzte Absatzförderung und Kostenreduktion. Die Märkte befinden sich in der Sättigungsphase. Wachstumsrate und Marktanteil sinken. Es werden nur noch geringe Überschüsse erwirtschaftet. Dementsprechend ist eine Konzentration auf noch profitable Nischen notwendig. Daher greifen Maßnahmen wie Kundenselektion, räumliche Schwerpunktbildung und selektiver Vertrieb.

Jedes Unternehmen sollte über ein ausgewogenes Portfolio verfügen, wobei Melkkühe und Arme Hunde in der Praxis überwiegen. Die derzeitigen Melkkühe finanzieren die Fragezeichen in der Hoffnung, dass diese ihrerseits zu späteren Melkkühen werden.

Neben dem BCG-Portfolio gibt es noch eine Vielzahl weiterer Portfolio-Modelle, die aber alle nach den hier dargestellten Grundprinzipien der Gegenüberstellung marktbezogener und unternehmensbezogener Größen, in deren Spannungsfeld SGEs gesteuert werden, funktionieren. Die Portfolio-Empfehlungen eignen sich sehr gut als erste Orientierung in der Marketingplanung. Für die Strategiewahl sind jedoch differenziertere Instrumente einzusetzen, wie im Folgenden aufgezeigt wird.

In der Literatur wird an dieser Stelle häufig noch auf andere Portfolio-Modelle verwiesen, namentlich auf das Neunfelder-Portfolio nach McKinsey und das Zwanzigfelder-Portfolio nach Arthur D. Little. Beide weisen im Grundsatz dieselben Anlagen wie das Vierfelder-Portfolio auf, sodass auf deren Darstellung hier aus Vereinfachungsgründen verzichtet wird.

Es bietet sich an, alle Erkenntnisse aus der Ist-Situations-Analyse in einem Factbook zu archivieren. Dieses kann händisch oder elektronisch geführt werden. Dabei ersetzen jeweils neue Informationen die alten, sodass stets ein aktueller Informationsstand gegeben ist. Dies ist ausgesprochen hilfreich bei Ad-hoc-Assignments und vermeidet dann große Hektik und Stress, weil alle relevanten Ausgangsdaten griffbereit sind. Von Zeit zu Zeit werden diese Daten hinsichtlich der Notwendigkeit zur Überprüfung der Strategie gesichtet. Die Führung des Factbook liegt meist beim Produktmanagement.

An dieser Stelle sollte Ihre Marketing-Ist-Situation vollständig und konsistent erfasst sein. Diese Erkenntnisse sind unerlässliche »Leitplanken« für die Erarbeitung eines realistischen Marketingplans. Aufbauend darauf können nunmehr die strategischen Stellgrößen, also die Planung und die Festlegung der Route, angegangen werden.

3. Die strategischen Stellgrößen im Marketingplan

Bestimmen Sie Ihre gewünschte Marktparzelle!

Die Idee der Marktparzellierung besteht darin, jene Nachfragersegmente zu finden, die am aussichtsreichsten zu bearbeiten sind. Denn nur eine Fokussierung der Aktivitäten lässt angesichts immer größerer Herausforderungen noch eine einträgliche Geschäftstätigkeit zu. Dafür ergeben sich mehrere Alternativen, unter denen auszuwählen ist (siehe Abbildung: Optionen der Marktparzellierung).

Option Produktspezialisierung

Bei der Produktspezialisierung werden mehrere Märkte von einem Anbieter mit einem Produkt abgedeckt, wobei dieses **einheitlich** oder **differenziert** vermarktet werden kann.

Beispiele für das einheitliche Angebot eines Produkts auf mehreren Märkten finden sich im Global Marketing. Aus Kosten- und Identitätsgründen wird dabei ein Produkt ländergrenzenübergreifend unter Einsatz identischer Marketingaktivitäten vermarktet. Praktisch bedeutet dies angesichts manifester Kulturunterschiede zwar einen Gewinn an Effizienz, aber zugleich einen wahrscheinlich höher zu gewichtenden Verlust an Effektivität. Davon sind nur wenige sogenannte »culture free products« ausgenommen, die also kulturunspezifisch einheitlich vermarktbar sind.

Ein Beispiel für das differenzierte Angebot eines Produkts auf mehreren Märkten liefert der Hochdruckreinigungshersteller Kärcher. Er bearbeitet mit seinen Produkten sowohl den Profimarkt der gewerblichen Gebäudereiniger als auch den Hobbymarkt der privaten Normalverbraucher. Freilich gestaltet sich der Marketingmix-Einsatz komplett abweichend. Während im Profimarkt auf hohe Dauerleistungen, Ersatzgeräte, Reparaturservices und dergleichen abgestellt wird, steht im Hobbymarkt die absolute Preisgünstigkeit im Vordergrund – dies auch zulasten der absoluten Qualität.

Optionen der Marktparzellierung

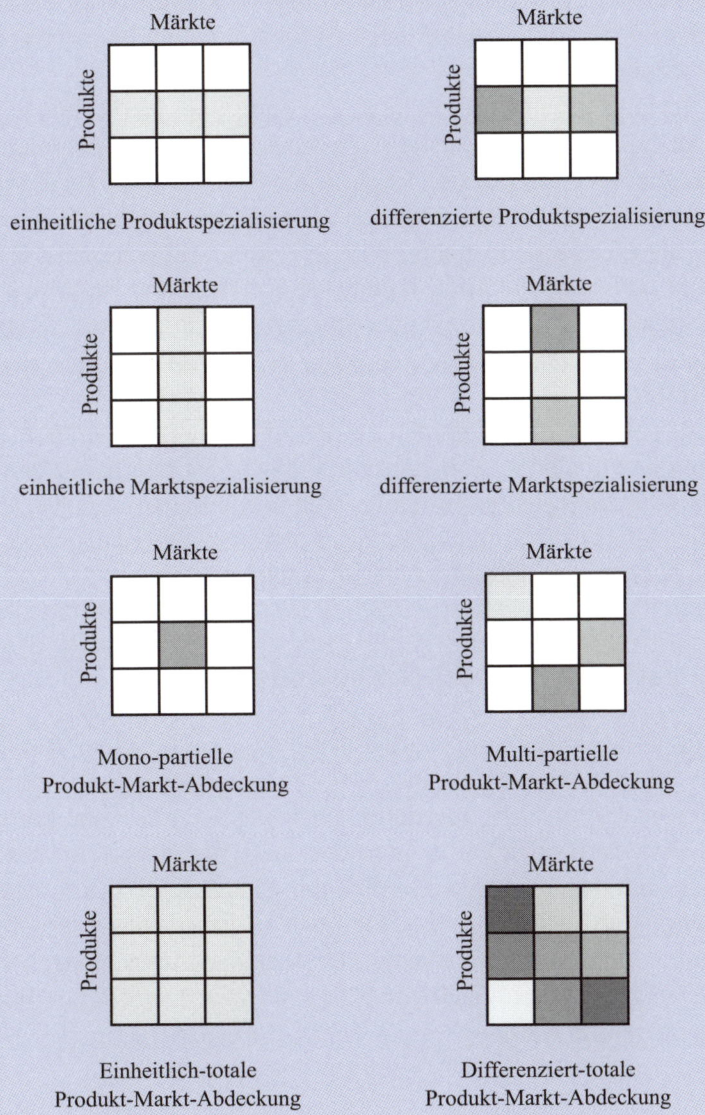

Option Marktspezialisierung

Bei der Marktspezialisierung werden mehrere Produkte von einem Anbieter auf einem Markt angeboten, wobei auch diese **einheitlich** oder **differenziert** vermarktet werden können.

Ein Beispiel für die einheitliche Bearbeitung eines Markts mit mehreren Produkten ist der Sportwagenhersteller Porsche. Dort werden derzeit vier Modellreihen angeboten: 911, Boxster, Cayman und Cayenne. Obwohl die technischen Konzepte dieser Fahrzeuge erheblich voneinander abweichen, eint doch alle Modelle die gleiche Philosophie, definiert durch die Merkmale Tradition und Innovation, Leistung und Alltagstauglichkeit, Design und Funktionalität, Exklusivität und soziale Akzeptanz, Faszination und Realitätsnähe. So ist selbst der Offroader/SUV Cayenne als Sportwagen unter den Geländefahrzeugen positioniert.

Ein Beispiel für die differenzierte Bearbeitung eines Markts mit mehreren Produkten ist die Sektkellerei Henkell-Söhnlein. Sie bearbeitet den Sektmarkt mit unterschiedlich positionierten Produkten wie Henkell trocken (Erstmarke), Fürst von Metternich (Premiummarke), Adam Henkell (Luxusmarke), Söhnlein Brillant (Zweitmarke), Rüttgers Club (Drittmarke) et cetera.

Option partielle Produkt-Markt-Abdeckung

Bei der partiellen Abdeckung bearbeitet ein Anbieter nur einen Markt mit einem einzigen Produkt (**monaural**) oder mehrere, wenngleich nicht alle Märkte mit verschiedenen Produkten (**multiple**). Beispiele für die mono-partielle Abdeckung stellen der Duden-Verlag mit dem deutschen Rechtschreiblexikon oder Verpoorten mit der Spirituose Eierlikör dar. Ein Beispiel für die multi-partielle Abdeckung ist die Fischer GmbH. Sie stellt so unterschiedliche Produkte wie Handwerksdübel, Technikspielzeug oder Autoinnenausstattungen (Aufbewahrungssysteme) her. Die zugehörigen Märkte müssen demzufolge völlig verschiedenartig bearbeitet werden.

Option totale Produkt-Markt-Abdeckung

Bei der totalen Produkt-Markt-Abdeckung bearbeitet ein Anbieter alle Märkte mit einem Produkt **(einheitlich)** oder mit verschiedenen Produkten **(differenziert**).

Ein Beispiel für einheitlich-totale Produkt-Markt-Abdeckung ist Nivea-Creme (Beiersdorf). Sie ist eine Universalcreme mit omnipotentem Anspruch, ideal für Mann und Frau, für Jung und Alt, für Tag und Nacht, für feuchte und für trockene Haut et cetera. Sie wird als »Crème de la crème« dem Gesamtmarkt einheitlich angeboten. Eine solche Position lässt sich freilich nur vor dem historischen Hintergrund erklären und könnte so heute nicht mehr angestrebt werden, weil die Märkte viel zu feinteilig segmentiert sind. Es bedarf deshalb großen Geschicks, diese Position gegen Anfechtungen leistungsoptimierter Spezialisten zu verteidigen.

Ein Beispiel für differenziert-totale Produkt-Markt-Abdeckung ist der Volkswagen-Konzern mit seinem vielfältigen Automobilprogramm, zu dem die Marken VW, Audi, Seat, Skoda, Bentley, Lamborghini, Bugatti und Phaeton gehören. Sie decken unterschiedlichste Bedarfe ab, so für Kleinstautos, Kompaktwagen, Mittelklassefahrzeuge, Oberklasselimousinen, Luxuskarossen, Sportcoupés, Cabrios, Transporter, Offroad-Fahrzeuge und so weiter. Und das jeweils mit verschiedenen Karosserieformen, Leistungsklassen, Motoren- und Antriebskonzepten et cetera. Damit ist beinahe jeder Interessent bei entsprechender Gutwilligkeit in der Lage, ein passendes Angebot innerhalb des Konzerns zu finden. Natürlich werden diese Produkte zur weitgehenden Vermeidung von Kannibalisierungseffekten in unterschiedlichen Marktsegmenten positioniert.

Berücksichtigung von Marktschranken

Die Bearbeitung der gewünschten Marktparzelle setzt beim Auftritt auf einem neuen Markt beziehungsweise mit einem neuen Produkt voraus, dass unvermeidlich dort vorhandene **Markteintrittsbarrieren** auch tatsächlich überwunden werden können. Diese sind vielfältig und bedeutsam. Es handelt sich dabei vor allem um folgende:

- hohe erforderliche Investitionsvolumina, um Betriebsgrößenvorteile von Beginn an nutzen zu können,
- Darstellung der notwendigen Programmbreite, die von Nachfragern durchgängig erwartet wird,
- Aufbrechung vorhandener Käuferloyalität, um Marktanteile übernehmen zu können,
- Überwindung von Umstellungskosten bei Nachfragern, die wechselhemmend wirken,

- Überwindung von Standortlimitationen, die relative Monopole verschaffen,
- Zugang zu Vertriebskanälen, vor allem im zwei- und mehrstufigen Absatz,
- keine hoheitlichen Beschränkungen, wie sie etwa durch gewerbliche Schutzrechte gegeben sind.

Beim Markteintritt ist planvoll bereits ein mögliches Scheitern einzukalkulieren. Dazu ist es erforderlich, die **Marktaustrittsbarrieren** zu untersuchen. Diese verhindern, dass ein Anbieter den Markt verlässt, oder machen dies für ihn zumindest sehr verlustreich. Es handelt sich vor allem um folgende:

- technische Gegebenheiten, wie sie etwa bei üblichen Einzweckanlagen vorhanden sind,
- wirtschaftliche Konsequenzen als remanente Kosten, z.B. Ersatzteilversorgung, Wartungsleistungen,
- vertragliche Vereinbarungen, die etwa aus Konventionalstrafen resultieren,
- Image-Problematik, weil eine Marktaufgabe immer auch als Scheitern interpretiert wird,
- institutionelle Restriktionen, etwa aus Rückzahlung von Subventionen oder Steuervergünstigungen,
- emotionale Bindungen, die sich aus einem angestammten Geschäft ergeben,
- soziale Verpflichtungen, etwa durch Sozialpläne bei Mitarbeiterfreisetzung.

Bestimmen Sie nunmehr Ihre gewünschte Marktparzelle, und nehmen Sie diese als Ausgangspunkt für die nachfolgende strategische Stellgröße.

Die Bestimmung der Marktparzelle legt das »Wo« der strategischen Stellgrößen fest.

Bestimmen Sie Ihren komparativen Konkurrenzvorteil!

Bedeutung der Marktpolarisierung

Es reicht aber nicht aus, die Marktparzelle zu bestimmen, die man zu bearbeiten gedenkt. Vielmehr kommt es auch darauf an, wie die Nachfrage dort angereizt werden soll. Damit beschäftigt sich die Marktstimulierung, welche den komparativen Konkurrenzvorteil (KKV) im Auge hat.

Die Marktpolarisierung (nach M. E. Porter) sagt aus, dass es dafür grundsätzlich zwei Möglichkeiten gibt, nämlich entweder über den Preis- oder über den Leistungsvorteil. Der Preisvorteil ergibt sich als **Preis-Mengen-Position** aufgrund von Größeneffekten, der Leistungsvorteil ergibt sich als **Präferenzposition** aufgrund von Angebotsdifferenzierung.

Die Nutzung von Größeneffekten beruht auf zwei Quellen. Statische Größeneffekte entstehen durch

- Fixkostendegression (Bücher'sches Gesetz), d.h. immer günstigere Umlage der beschäftigungsgrad-unabhängigen (Fix-)Kosten bei steigender Ausbringungsmenge,
- Betriebsgrößeneffekt, d.h. feinteilige Abstimmbarkeit von Teilkapazitäten zu einer Gesamtkapazität weitgehend ohne Friktionen (Leerkosten).

Dynamische Größeneffekte beruhen auf

- der frühzeitigen Nutzung der mit technischem Fortschritt verbundenen ökonomischen Vorteile durch Großanbieter,
- der Nutzung von Verbundeffekten in der Organisation und Spezialistenwissen bei Mitarbeitern,
- der stückkostensenkenden Rationalisierung in Gemeinkosten-(Overhead-) Bereichen, vor allem der Beschaffung (Marktmacht).

Differenzierung setzt die Ausprägung eines akquisitorischen Potenzials voraus. Dieses wiederum entsteht, wenn eine niedrige Preiselastizität der Nachfrage gegeben ist.

Die Preiselastizität der Nachfrage weist aus, wie sich der Absatz eines Produkts aufgrund einer Preisänderung verändert. Normal ist eine gegenläufige

Bewegung, das heißt, eine Preiserhöhung führt zu einem Absatzrückgang. Je geringer dieser Ausschlag ist, desto niedriger ist die Preiselastizität der Nachfrage. Dies ist immer dann der Fall, wenn eine hohe Bindung der Nachfrager an das Produkt besteht. Diese bezeichnet man auch als akquisitorisches Potenzial. Je mehr es einem Anbieter also gelingt, sein Produkt von anderen am Markt abzusetzen und bei Nachfragern einzuprägen, desto höher ist seine Profilierung. Diese Differenzierung führt zu einer erhöhten Preisbereitschaft der Nachfrager.

Beide Positionen sind parallel am Markt erfolgreich. Hingegen ist die unentschiedene Position »zwischen den Stühlen« immer erfolglos. Diesen Zusammenhang kann man sich folgendermaßen vorstellen: Eine hohe Rentabilität wird entweder durch hohe Stückspannen bei begrenzten Mengen erreicht oder durch extrem niedrige Stückspannen bei hohen Mengen. Da Abnehmer in beiden Positionen nachfragen, sind beide Positionen zugleich erfolgreich. Allerdings werden in den beiden Positionen abweichende Bedarfe gedeckt. Der Bereich der alltäglichen Produkte (Low Interest) wird primär unter dem Aspekt des niedrigen Preises, also in der Preis-Mengen-Position, nachgefragt. Der Bereich herausgehobener Produkte (High Interest) wird jedoch von denselben Personen bevorzugt unter dem Aspekt der Qualität, also in der Präferenzposition, nachgefragt. Dem liegt ein hybrides Kaufverhalten zugrunde, das bedeutet, ein und dieselbe Person hat zwei Kaufprogramme, je eines für High-Interest- und Low-Interest-Produkte.

Der Bereich dazwischen kann weder hinsichtlich der Preisorientierung mit Größeneffekt-Anbietern mithalten noch hinsichtlich der Qualitätsorientierung mit Differenzierungs-Anbietern. Daher kann dort keine ausreichende Nachfrage angereizt werden, um dauerhaft zu überleben (siehe Abbildung: Alternativen der Marktstimulierung).

Insofern heißt es, sich in jedem Fall für eine der beiden Erfolgspositionen zu entscheiden.

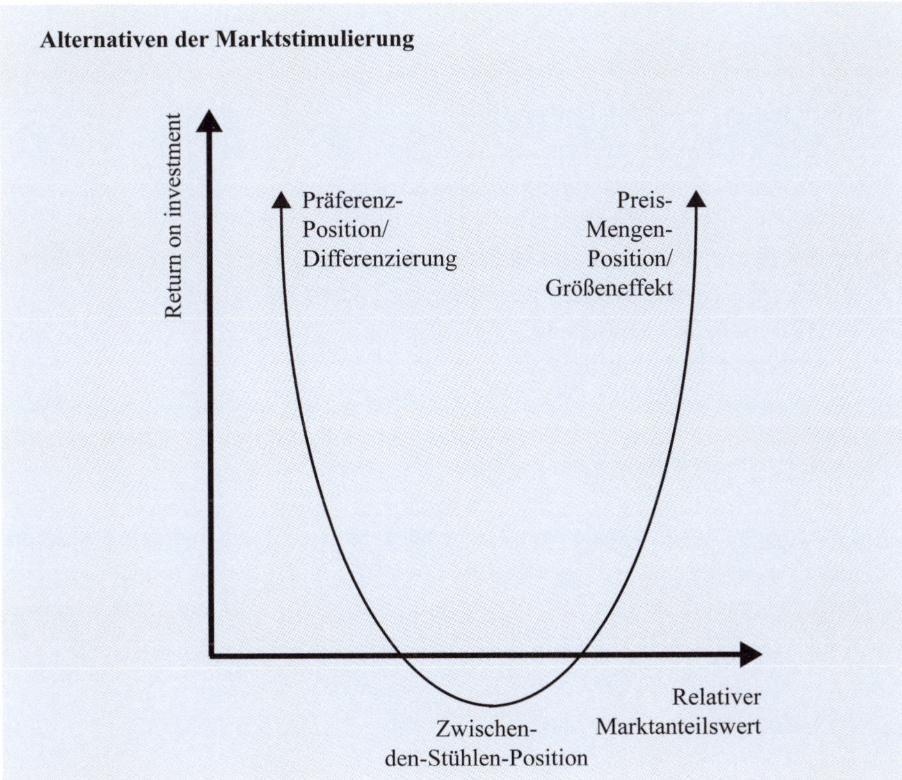

Alternativen der Marktstimulierung

Für die Marktstimulierung ergeben sich also zwei Alternativen. Merkmale der Marktstimulierung durch **Präferenz-Position** (Differenzierung) sind die folgenden:

- Betonung von Markenartikeln,
- Gewinnpriorität vor Umsatz/Absatz,
- Einhaltung eines Hochpreislevels,
- Nutzung eines monopolistischen Preisspielraums,
- Gewährleistung hoher Produktqualität,
- attraktive Produktaufmachung und -verpackung,
- intensive Mediawerbung,
- selektive Distribution.

Merkmale der Marktstimulierung durch **Preis-Mengen-Position** (Größeneffekt) sind die folgenden:

- Betonung des Preiswettbewerbs,
- Umsatz-/Absatzpriorität vor Gewinn,
- Einhaltung eines Niedrigpreislevels,
- Schaffung von Absatzrationalisierungen,
- Grundnutzenargumentation,
- Einsparung von Marketingmaßnahmen und deren Kosten,
- Akzeptanz hoher Risiken,
- intensive Distribution.

Vier vorteilhafte Konkurrenzpositionen

Die Präferenz-Position führt zum Anstreben einer Leistungsführerschaft, die Preis-Mengen-Position zum Anstreben einer Kostenführerschaft. Beides kann sich jedoch jeweils auf den Gesamtmarkt oder einen Teilmarkt beziehen, sodass sich daraus vier Konkurrenzpositionen ergeben (siehe Abbildung: Alternativen der Konkurrenzposition).

Alternativen der Konkurrenzposition

	Präferenz-Position	Preis-Mengen-Position
Gesamtmarkt-abdeckung	umfassende Leistungs-führerschaft	umfassende Kosten-führerschaft
Teilmarkt-abdeckung	konzentrierte Leistungs-führerschaft	konzentrierte Kosten-führerschaft

Konzentrierte Kostenführerschaft bedeutet, dass der Kostenvorteil sich auf einen Teilmarkt bezieht. Vorteile dieser Position sind vor allem folgende:

- Die bei B- und C-Artikeln verbleibenden Spannen des Einkaufs sind auskömmlich.
- Entsprechende Marktsegmente sind wegen geringen Volumens oft unattraktiv für Konkurrenten.
- Je spezialisierter das Angebot, desto weniger Substitutionskonkurrenz ist möglich.

Nachteile dieser Position sind hingegen:

- Vorzüge von Nischenangeboten können durch preisgünstigere Standardwaren überkompensiert werden.
- Modularisierung schafft Zugang zu Marktnischen auch für Großanbieter.
- Erhöhte Distributionskosten infolge von Globalisierung egalisieren Kostenvorteile.

Umfassende Kostenführerschaft bedeutet, dass der Kostenvorteil sich auf den Gesamtmarkt bezieht. Vorteile dieser Position sind vor allem:

- Das Unternehmen mit den niedrigsten Kosten einer Branche ist auch dann noch in der Lage, Gewinne zu erzielen, wenn die Konkurrenten bereits in die Verlustzone gezwungen werden.
- Es besteht ein gewisser Schutz vor nachfragemächtigen Abnehmern, weil diese das Preisniveau höchstens bis auf das Niveau des zweiteffizientesten Konkurrenten zu drücken vermögen.
- Es bestehen hohe Markteintrittsschranken infolge großer Mindestinvestitionsvolumina, die einen relativen Schutz vor potenziellen Konkurrenten bieten.
- Substitutionsprodukte sind leichter abzuwehren, indem Preisvorteile ausgespielt werden.

Nachteile dieser Position sind hingegen:

- Grundlegend neue Technologien entwerten die Kostenführerschaft.
- Nachahmer können durch Lerneffekte bald eine ähnliche Kostenstruktur wie der Kostenführer erreichen.

- Wenn die Marktbedürfnisse verfehlt werden, ist auch eine Kostenführerschaft aussichtslos.
- Kostensteigerungen im Input- oder Throughput-Bereich schwächen die Wirkung der Kostenführerschaft.

Konzentrierte Leistungsführerschaft bedeutet, dass der Leistungsvorteil sich auf einen Teilmarkt bezieht. Vorteile dieser Position sind vor allem:

- Hohe Kundenbindung durch positive Differenzierung bewirkt Marktzutrittsschranken.
- Der Verhandlungsspielraum mit Lieferanten wächst durch höhere Gewinnmargen.
- Die Nachfragemacht von Großkunden wird durch mangelnde Austauschbarkeit relativiert.
- Die Substitutionskonkurrenz bleibt begrenzt.

Nachteile dieser Position sind hingegen:

- Preisvorsprünge von Kostenführern können die Nachfragerloyalität aufbrechen.
- Jede Alleinstellung unterliegt einem Wertewandel im Zeitablauf.
- Nachahmer mindern das Differenzierungspotenzial.

Umfassende Leistungsführerschaft bedeutet, dass der Leistungsvorteil sich auf den Gesamtmarkt bezieht. Vorteile dieser Position sind vor allem:

- Es besteht ein Präferenzvorsprung gegenüber Konkurrenten, den diese nur bedingt egalisieren können.
- Substitutionsangebote sind nicht wirklich vergleichbar.
- Potenzielle Konkurrenten bleiben so lange ausgeschlossen, bis sie leistungsmäßig gegenhalten können.

Nachteile dieser Position sind hingegen:

- Konkurrenz durch spitz positionierte, konzentrierte Leistungsführer droht.
- Wahrnehmbare Leistungsunterschiede sind nur noch durch überproportionalen Aufwand erreichbar.
- Hohe F&E-Aufwendungen sind erforderlich.

Beispiele für eine konzentrierte Kostenführerschaft sind Suzuki (Automobile), Swatch (Uhren), Onlinebanken, Havariewarenläden, Studiosus (Reisen), Medion (PC/UE), Air Berlin (Fluggesellschaft).

Beispiele für eine umfassende Kostenführerschaft sind Daewoo (Automobile), Casio (Uhren), Direktbanken, Aldi (LEH), Neckermann (Reisen), Dell (PC) und Ryanair (Fluggesellschaft).

Beispiele für eine konzentrierte Leistungsführerschaft sind Smart (Automobile), Glashütte (Uhren), Privatbanken, Reformhäuser (LEH), Aida (Reisen), Apple (Computer) und Emirates (Fluggesellschaft).

Beispiele für eine umfassende Leistungsführerschaft sind Mercedes-Benz (Automobile), Rolex (Uhren), Geschäftsbanken, Edeka (LEH), Robinson-Club (Reisen), Toshiba (PC) und Lufthansa (Fluggesellschaft).

Legen Sie Ihre Konkurrenzposition fest und nehmen Sie diese als Ausgangspunkt für die nachfolgende strategische Stellgröße.

Die Verankerung des komparativen Konkurrenzvorteils legt das »Was« der strategischen Stellgrößen fest.

Legen Sie Ihr angestrebtes Marktverhalten fest!

Das Marktverhalten ist von zwei Planfestlegungen geprägt. Die eine bezieht sich darauf, ob vom Anbieter ein Führungsanspruch am Markt erhoben wird oder nicht, die andere darauf, ob seine Entscheidungen autonom oder konjektural fallen. Entsprechend dieser beiden Dimensionen mit je zwei Einteilungen ergeben sich vier Optionen des angestrebten Marktverhaltens (siehe Abbildung: Alternativen des Marktverhaltens).

Alternativen des Marktverhaltens

	unabhängiger Entscheid	abhängiger Entscheid
mit Führungs-anspruch	Marktführer (Unabhängigkeit)	Markt-herausforderer (Konflikt)
ohne Führungs-anspruch	Markt-mitläufer (Anpassen)	Marktnischen-anbieter (Ausweichen)

Rolle als Marktführer

Als Marktführer wird gemeinhin der vom Umsatz her größte Anbieter auf einem Markt bezeichnet. Dabei kommt es darauf an, wie der relevante Markt abgegrenzt wird. Bei genügend kleinteiliger Abgrenzung ist beinahe jeder Anbieter führungsfähig. Die damit mutmaßlich verbundene Anmutung wird in der Werbung vielfach genutzt. Daneben gibt es Anbieter, die auf einem anderen als dem betrachteten Markt führend sind und deren Potenzial auf diesen abstrahlt, oder Anbieter, denen in veröffentlichter Meinung Marktführereigenschaft beigemessen wird, ohne dass die entsprechende Substanz (bereits) vorhanden wäre.

Die Marktführung bedeutet eine Kombination aus Führungsanspruch und unabhängigem Entscheid. Damit geht eine Reihe von Vor- und Nachteilen einher. Vorteile sind etwa die Möglichkeit zur Preisführerschaft, ein breiter Kompetenzvorsprung in der Öffentlichkeit, Marktmacht gegenüber Partnern und die Möglichkeit zur Beeinflussung der Gesamtmarktentwicklung.

Nachteile sind hingegen die gravierenden Folgen der Produktenttäuschung, eine große Angriffsfläche für Kritik, Konflikte mit der Wettbewerbsgesetzgebung, eine zwangsläufige Inflexibilität und Innovationshemmung sowie die Begünstigung latenter Marktnischen.

Rolle als Marktherausforderer

Marktherausforderer ist ein Anbieter, der innerhalb der Marktfolgerschaft dem Marktführer seine – faktische oder auch nur kommunikative – Stellung streitig machen will. Dies ist nur durch aggressiven Einsatz aller Marketingmix-Instrumente möglich. Typisch sind der Einsatz niedriger Preise, das Angebot komparativ besserer Qualität beziehungsweise Services, Line Extensions zur Nachfrageausschöpfung, Innovationen von Produkten und Prozessen, intensive Werbung und Ähnliches. Die Marktherausforderung bedeutet eine Kombination aus Führungsanspruch und abhängigem Entscheid.

Dabei bestehen vier Handlungsmöglichkeiten:

- Direkte Konfrontation bei eigenem Machtmittelvorteil ergibt den Frontalangriff. Hier werden Konkurrenzhindernisse durch Nutzung eines Ressourcenvorsprungs überwunden. Es handelt sich um eine Strategie der Stärke.

Erfolgreiche Beispiele der Vergangenheit sind der Angriff der Geschäftsbanken auf die Sparkassen im Retail-Bereich oder der Angriff von Microsoft Explorer gegen Netscape/Time Warner Navigator.

- Indirekte Konfrontation bei eigenem Machtmittelvorteil ergibt den Flankenangriff. Hier werden Konkurrenzhindernisse durch Veränderung der Marktstrukturen umgangen. Es handelt sich um eine Strategie der Ausnutzung von gegnerischen Wettbewerbsschwächen.

Ein instruktives Beispiel war die Übernahme von Mannesmann/D2 durch Vodafone mithilfe eines lukrativen Abfindungsangebots an die freien Aktionäre.

- Direkte Konfrontation bei eigenem Machtmittelnachteil ergibt den Guerillaüberfall. Hier werden Konkurrenzhindernisse durch sukzessive Reduktion der Marktzugangsbarrieren und Unterwanderung der Marktstruktur überwunden.

Erfolgreiche Beispiele sind die Besetzung des Kreditkartenmarkts durch Mastercard mithilfe der Geschäftsbanken oder die Hebelwirkung der Travellers' Group bei Übernahme durch die Citi Group.

- Indirekte Konfrontation bei eigenem Machtmittelnachteil ergibt den Überraschungsangriff. Hier soll die Reaktionsverzögerung des Marktführers zur Überwindung von Konkurrenzhindernissen verhelfen.

Ein erfolgreiches Beispiel ist der Angriff von Sixt auf die internationalen, wenngleich konzerngebundenen Autovermietgesellschaften wie Avis, Interrent, Europcar, Hertz. Erfolglos war hingegen der Angriff von Pepsi auf Coke mit der diskriminierenden Strategie von »The New Generation«.

Rolle als Marktmitläufer

Marktmitläufer sind weitere Anbieter innerhalb der Marktfolgerschaft, die im Windschatten von Marktführer und -herausforderer prosperieren, also ohne Führungsanspruch und mit unabhängigem Entscheid. Sie sind daran interessiert, weitgehend unbehelligt zu bleiben; ihr Verhalten ist deshalb defensiv ausgerichtet. Sie befinden sich allerdings in stetiger Verdrängungsgefahr. Denn die für moderne Produktionsbedingungen typischen hohen Ausbringungsmengen zur Erzielung von Kostendegressionseffekten fehlen bei ihnen oft und verhindern damit kompetitive Preise.

Umgekehrt ist die Profilierung des Angebots gegenüber der Nachfrageseite aber nicht so ausgeprägt, dass sie die Abschöpfung eines fortgeschrittenen Preisniveaus erlaubt. Damit befinden sich Marktmitläufer häufig in der gefährlichen Mittelposition des Markts, die im Rahmen der Marktpolarisierung auszudünnen droht. Die Chance für Marktmitläufer liegt in der Kooperation mit marktmächtigen Anbietern. Dies ist etwa in der Automobilbranche vorzufinden, in der schwache Marken strategische Allianzen mit starken suchen (z.B. Nissan und Renault).

Reaktionsmöglichkeiten des Marktmitläufers auf Angriffe gegen seine Position können folgende sein:

- Positionsverteidigung, wenn ihm die Ressourcen dazu ausreichend erscheinen,
- Flankensicherung, um Schwachstellen zu schützen, die Einfallstore für feindliche Angriffe sein können,

- flexible Verteidigung mit bewusster Freigabe von als weniger bedeutsam erachteten Teilpositionen,
- Gegenoffensive, denn Angriff ist die beste Verteidigung,
- Rückzug, wenn die Position letztlich nicht zu halten ist.

Rolle als Marktnischenanbieter

Marktnischenanbieter sind Unternehmen, die sich in der Marktfolgerschaft freiwillig mit einem kleinen Marktanteil begnügen und keinen Anspruch auf breite Marktpräsenz hegen. Im Gegensatz zum offensiven Marktherausforderer und zu defensiven Marktmitläufern verhalten sich Marktnischenanbieter neutral, solange ihre Geschäftsbasis unangetastet bleibt. Vielmehr zeichnen sie sich meist durch überragende Qualität aus, die aus der Sicht bestimmter High-End-Zielgruppen ein höheres Preisniveau und eine gezielt geringere Erhältlichkeit rechtfertigt. Dazu gehören am Lifestyle orientierte Hedonisten, aber auch gewerbliche Einkäufer. Eine Gefahr entsteht aus der ausufernden Popularität dieser Angebote sowie aus den Möglichkeiten moderner Produktionstechnologie, die durch Module, Plattformen et cetera Großanbietern selbst das Angebot von Kleinauflagen zu rentablen Bedingungen erlaubt.

Die Modemarke Lacoste hat in dem Maße an Attraktivität verloren, wie sie in immer breiteren Kreisen der Bevölkerung Zuspruch fand. Dies machte neue Nischen für profilierte Modeanbieter frei, denen sich ehemalige Lacoste-Anhänger zuwandten. Im gleichen Maße ging die Referenzfunktion der Marke verloren, die wiederum für zugewanderte Nachfrager von hoher Bedeutung war. Am Ende stimmte die Akzeptanz dann weder bei den alten noch bei den neuen Kunden.

Erfolgreich sind hingegen sogenannte Hidden Champions tätig, die exotisch anmutende Marktnischen mit Produkten wie Miederverschlüssen, anatomischen Lehrmitteln oder Gummibärchen besetzen. Dass dies jedoch nicht ungefährlich ist, zeigt das Beispiel Loewe-Opta im UE-Markt. Bei knappen Produktionskapazitäten für Flachbildschirme (LCD/Plasma) werden Großabnehmer von den Lieferanten bevorzugt, sodass diese für das akquisitorische Potenzial zentrale innovative Technologie nicht für alle Anbieter in ausreichendem Maße verfügbar ist.

Entscheiden Sie sich nunmehr für eine der Marktrollen.

Neue Spielregeln am Markt

Viele Märkte befinden sich angesichts ausgereiften Verhaltens in der »Endspielphase«, das heißt, die noch verbliebenen Anbieter haben verschiedene »Shakeout«-Phasen überstanden und arbeiten auf höchstem Niveau. Unter diesen Voraussetzungen noch einen signifikanten Konkurrenzvorsprung zu erreichen ist daher extrem anspruchsvoll.

Dabei gibt es in jedem Markt Spielregeln, die als ungeschriebene Gesetze dafür gelten, wie man ein Geschäft zu betreiben hat. Die verbliebenen Anbieter habe diese Spielregeln (»Old Game«) bis zur Perfektion ausgereizt. Ist jedoch die Ausgangsbasis suboptimal, so wird auch eine kontinuierliche Verbesserung letztlich suboptimal bleiben. Das rührt häufig daher, dass die Spielregeln Restriktionen voraussetzen, die so objektiv nicht erforderlich sind. Stellt man sie daher infrage, entstehen neue Spielregeln (»New Game«), die eine Restrukturierung der Marktverhältnisse erlauben und damit noch zu Durchbruchserfolgen führen können. Betriebswirtschaftlich wird dies im Business Process Reengineering (BPR) exerziert.

Daher ist zu prüfen, ob es für die Restriktionen der bestehenden Spielregeln plausible Gründe gibt oder ob sie tatsächlich obsolet sind. Für diesen Fall kann ein neues Spiel eröffnet werden. Dieses Spiel kann sich auf den Gesamtmarkt oder auf eine Marktnische beziehen.

Für die Anlegung neuer Spielregeln finden sich zahlreiche Beispiele. So verkauft Avon Kosmetika im Haus-zu-Haus-Verkauf, im Gegensatz zu den traditionellen Ladengeschäften der Branche. McDonald's konzipierte das Schnellrestaurant, im Gegensatz zur traditionellen Gastwirtschaft. UPS bietet Schnelligkeit und Service beim Pakettransport, im Gegensatz zu betulichen staatlichen Postdiensten. Body Shop propagiert tierversuchsfreie Naturkosmetik, im Gegensatz zu etablierten Beauty-Marken, die auf immer artifiziellere Rezepturen umsteigen. Bic machte Wegwerffeuerzeuge und Einwegkugelschreiber populär, wo diese Produktgattungen ansonsten eher prestigeträchtig waren. Swatch preist Armbanduhren als Modeobjekte und Lifestyle-Elemente an, die viel mehr anzeigen als nur die Zeit. Revolutionär war sicherlich auch die Etablierung des Smart-Kleinstwagens. Dabei handelt es sich um ein völlig neues Konzept (u.a. Tridion-Träger mit Beplankung, Baumodule, reiner Zweisitzer, Unterflurmotor etc.), im Hintergrund unterstützt durch ein neues Fertigungs-, ein neues Vertriebs- und ein neues Mobilitätskonzept. Weitere Beispiele stammen von Hewlett-Packard (Tintenstrahldrucker) oder Apple (mp3-Player).

Bedenken Sie die großen Risiken, die in der Anlegung neuer Spielregeln am Markt liegen. Sichern Sie eine derartige Entscheidung daher hinreichend ab.

Entscheiden Sie sich für Ihre Marktrolle und die anzulegenden Spielregeln (das »Wie« der strategischen Stellgrößen). Es folgt die letzte strategische Stellgröße im Set.

Wählen Sie Ihr passendes Markttiming!

Schließlich ist zur Bestimmung der Strategie noch die Wahl des Markttimings erforderlich. Auch dabei stellen sich zwei Alternativen: erstens nach der Innovationsneigung als innovativer oder adaptiver Ansatz sowie zweitens nach der Initiative als offensiver oder defensiver Impuls. Die Innovationsneigung gibt an, ob eine Tendenz zu eigenständigen oder zu übernommenen Lösungen besteht, die Initiative gibt an, ob eine Neigung zur Aktivität oder zur Passivität im Wettbewerb besteht. Entsprechend diesen beiden Dimensionen mit je zwei Einteilungen (Vorstoß/Verfolgung sowie 1. Welle/2. Welle) ergeben sich vier Optionen des Markttimings (siehe Abbildung: Alternativen des Markttimings).

Alternativen des Markttimings

	Offensive / 1. Welle	Defensive / 2. Welle
Vorstoß / Innovation	Innovator	Später Folger
Verfolgung / Adaptation	Früher Folger	Nachzügler

Stellung als Innovator

Innovatoren halten unablässig nach neuen Märkten und Produkten Ausschau und nehmen Chancen entschlossen wahr. Vorteile dieser Position sind vor allem folgende:

- Zu Beginn des Marktlebenszyklus besteht noch kein direkter Konkurrenzeinfluss.
- Der zeitlich erste Anbieter hat einen kaum mehr einholbaren Vorsprung auf der Erfahrungskurve.

Nachteile dieser Position sind hingegen:

- Der Innovator trägt als Schrittmacher immer das größte Risiko in Bezug auf die Marktentwicklung.
- Neuerungen sind immer mit höheren Risiken verbunden als etablierte Produkte.

Innovatoren-Beispiele sind Sony (Walkman) oder Robert Bosch bei Pkw-Ausrüstung (Zündkerzen, Starterautomatik, Scheinwerfer, Benzineinspritzung, Autobatterie, Hydraulikbremse, Airbag, Antiblockiersystem etc.).

In der Vergangenheit wurde dem Innovator ein »eingebauter« Erfolgsvorsprung zugeschrieben (First Mover Advantage auf Basis der PIMS-Study- oder empirisch-statistischer Daten). Dies ist aktuell jedoch durchaus strittig, da zahlreiche andere Voraussetzungen als mindestens ebenso ausschlaggebend für den Erfolg angesehen werden wie der Zeitvorteil. Dies unterstreichen auch gescheiterte Innovatoren wie Sony (Betamax), Siemens (Telefax) oder Xerox (PC).

Stellung als früher Folger

Der frühe Folger setzt auf die Adaptation von Neuerungen, ohne dabei freilich den ersten Schritt zu wagen, zieht dafür aber als Zweiter aktiv nach. Vorteile dieser Position sind vor allem folgende:

- Das Risiko ist gegenüber dem Innovator erheblich gesenkt.
- Die Marktpositionen sind noch nicht verteilt, sodass noch kein entscheidender Boden verloren ist.

Nachteile dieser Position sind hingegen:

- Der Innovator hat möglicherweise Markteintrittsschranken errichtet (z.B. durch De-facto-Standard).
- Ein schnelles Nachziehen ist erforderlich, da ansonsten der Innovator davonziehen kann.

Ein Beispiel ist die Ergänzung des Fastfood-Sortiments von McDonald’s um frischere, gesündere Kost, nachdem diese sich als Trend am Markt etabliert hatte und andere Anbieter darauf eingeschwenkt waren.

Stellung als später Folger

Der späte Folger spezialisiert sich auf Detailverbesserungen und kundenspezifische Umsetzungen, tritt jedoch erst spät im Marktzyklus hinzu. Vorteile dieser Position sind vor allem:

- Die Besetzung von Marktnischen schafft relativen Konkurrenzschutz in hart umkämpften Märkten.
- Das Risiko ist deutlich geringer, da bereits genügend Erfahrungswerte vorliegen.

Nachteile dieser Position sind hingegen:

- Zunächst sind die Markteintrittsschranken bereits etablierter Anbieter zu überwinden.
- Die Fokussierung auf Einzellösungen vergibt möglicherweise viel Marktpotenzial.

Beispiele sind IBM bei PCs, Intel bei Mikroprozessoren, Seiko bei Quartzuhren oder Matsushita bei Videorekordern (alle erfolgreich) beziehungsweise Kodak bei Sofortbildfotografie, DEC bei PCs, Loewe-Opta bei Flachbildfernsehern oder SEGA bei Spielecomputern (alle erfolglos).

Stellung als Nachzügler

Der Nachzügler tritt zuletzt am Markt auf (passiv) und beutet den Input der Innovatoren aus (adaptiv), indem er auf verwechslungsfähige Produkte bei niedrigerem Preis setzt. Die Vorteile dieser Position sind vor allem folgende:

- Dem Nachzügler entstehen erheblich niedrigere F&E-Aufwendungen, wenn diese nicht sogar ganz eingespart werden können.
- Durch weit fortgeschrittenen Lebenszyklus besteht nur mehr eine geringe Unsicherheit über die weitere Marktentwicklung.

Nachteile dieser Position sind hingegen:

- Nachzügler müssen sich mit der bereits etablierten Konkurrenz auseinandersetzen.

- Es kommt nicht zur Entstehung von eigenem Know-how, da durchgängig imitiert wird.

Beispiele waren früher die fernöstlichen Hersteller, die im Wesentlichen westliche Ergebnisse und Technologien kopierten und mit Zeitverzug, aber zu erheblich niedrigeren Kosten einführten. Diese Situation hat sich freilich mittlerweile geradezu ins Gegenteil verkehrt, sodass dort die Trends gesetzt werden, die hierzulande die Märkte überrollen.

Entscheiden Sie sich nunmehr für eines der Markttimings.

Dynamisches Outpacing

Das Markttiming ist jedoch keineswegs statisch, sondern dynamisch angelegt. Daher kann man es sich als ein »Rennen« entlang der möglichen Dimensionen Leistungsvorteil (wahrgenommener Produktwert) und Preisvorteil (anfallende Prozesskostendegression) vorstellen. Zu Beginn der Marktpräsenz ist der wahrgenommene Produktwert mangels Kenntnis und Vertrauen bei Nachfragern für gewöhnlich gering, zugleich ist die entstehende Prozesskostendegression mangels Größen- und Erfahrungseffekten eher niedrig. Erreicht werden soll aber eine genau entgegengesetzte Situation mit hohem wahrgenommenem Produktwert und gleichzeitig hoher anfallender Prozesskostendegression (weniger Kosten).

Die Anbieter am Markt befinden sich nun in einem Wettlauf um die schnellstmögliche Erreichung dieser Endsituation und versuchen dabei, einander zu überholen (»Outpacing«). Dabei muss man sich für einen von zwei Wegen gemäß der Marktpolarisierung entscheiden. Zum einen kann man versuchen, über Leistungsführerschaft bei akzeptierter niedriger Prozesskostendegression zunächst den wahrgenommenen Produktwert zu steigern und danach über Standardisierung/Modularisierung die Prozesskosten bei unverändert hohem Produktwert zu senken. Man bezeichnet dies als Differenzierung oder präventives Outpacing.

Zum anderen kann versucht werden, zunächst über Kostenführerschaft bei akzeptiertem niedrigem Produktwert die anfallenden Prozesskosten zu senken und erst danach über Differenzierung/Featuring den Produktwert bei unverändert hoher Prozesskostendegression zu steigern. Man bezeichnet dies als Rationalisierung oder proaktives Outpacing.

Wege dazwischen führen zur »Zwischen-den-Stühlen«- und damit zu einer Loser-Position. Beide Wege erfordern indes ein hybrides Vorgehen mit Strategiewechsel »im Fluss« (siehe Abbildung: Prinzip des Outpacing).

Prinzip des Outpacing

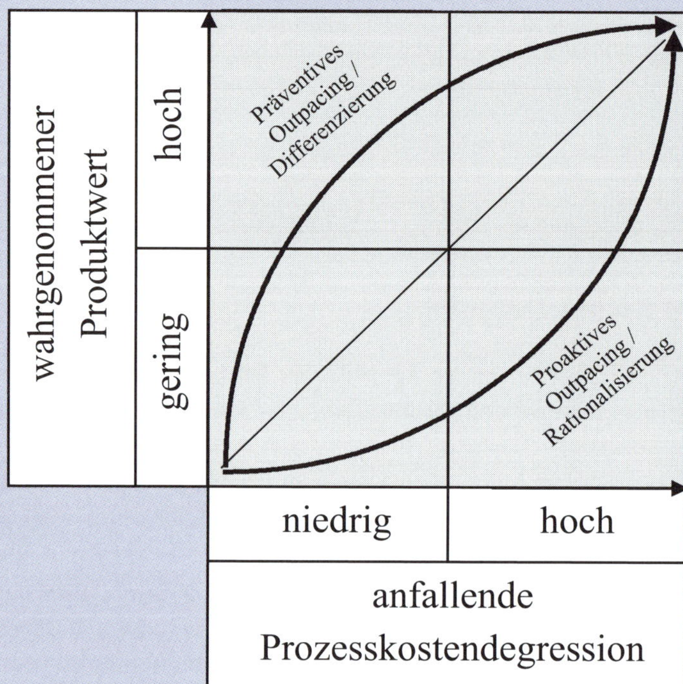

Welcher der dargestellten Pfade der schnellere ist, kann nicht generell gesagt werden. Wer aber als Erster sein Ziel erreicht, kann ein neues Rennen einläuten, bei dem er automatisch einen Zeitvorsprung hat, sodass ein einmal herausgearbeiteter Vorsprung auf diese Weise fortgesetzt beziehungsweise ein Rückstand kaum mehr aufgeholt werden kann. Insofern handelt es sich um die gemeinsame Darstellung der kritischen Erfolgsfaktoren Rendite, Kosten und Zeit.

Dabei ist das »Rennen« um Kosten- oder Leistungsvorsprünge nur die erste Runde. Nach dem Konzept der Hyper Competition treten die verbleibenden Unternehmen danach in einen Wettlauf um Zeit- oder Wissensvorsprünge, die dann noch verbleibenden Unternehmen kämpfen um eine Alleinstellungsposition in der Marktwahrnehmung und die übrig bleibenden mobilisieren schließlich ihre Kapital- und Finanzierungsressourcen. Existent bleiben letztlich nur die wenigen, die alle diese Ausscheidungsrunden erfolgreich überstehen.

Entscheiden Sie sich für einen der Entwicklungspfade, und die strategischen Stellgrößen sind komplett.

An dieser Stelle verfügen Sie über eine exakte planerische Vorstellung der anzulegenden Strategie. Nun gilt es, diese kommunizierbar zu machen und näher zu beurteilen.

Strategieraster als Zwischenergebnis der Planung

Für die Festlegung der Marketingstrategie sind also vier Stellgrößen zu bestimmen: die Marktparzellierung, der Konkurrenzvorteil, das Marktverhalten und das Markttiming. Für jede dieser Stellgrößen ergeben sich mehrere Optionen: acht zur Marktparzellierung, vier zum Konkurrenzvorteil, vier plus zwei zum Marktverhalten und vier plus zwei zum Markttiming. Deren Kombination ergibt die individuelle Marketingstrategie (siehe Abbildung: Formular Strategieraster).

Formular Strategieraster

Gewünschte Marktparzellierung (Wo?):

- einheitliche Produktspezialisierung ❏
- differenzierte Produktspezialisierung ❏
- einheitliche Marktspezialisierung ❏
- differenzierte Marktspezialisierung ❏
- Mono-partielle Produkt-Markt-Abdeckung ❏
- Multi-partielle Produkt-Markt-Abdeckung ❏
- Einheitlich-totale Produkt-Markt-Abdeckung ❏
- Differenziert-totale Produkt-Markt-Abdeckung ❏

Gewünschter Konkurrenzvorteil (Was?):

- Umfassende Leistungsführerschaft ❏
- Konzentrierte Leistungsführerschaft ❏
- Umfassende Kostenführerschaft ❏
- Konzentrierte Kostenführerschaft ❏

Gewünschtes Marktverhalten (Wie?):
- Marktführer ❑
- Marktherausforderer ❑
- Marktmitläufer ❑
- Marktnischenanbieter ❑

- Anlegung bekannter Spielregeln ❑
- Anlegung neuer Spielregeln ❑

Gewünschtes Markttiming (Wann?):
- Innovator ❑
- Früher Folger ❑
- Später Folger ❑
- Nachzügler ❑

- Präventives Outpacing ❑
- Proaktives Outpacing ❑

Tragen Sie je strategischer Stellgröße die von Ihnen präferierte Option in das vorliegende Formular ein.

Strategiebewertung

Naturgemäß brauchen Sie nun einen Maßstab, um beurteilen zu können, ob die erarbeitete Strategie tragfähig ist. Dafür stehen verschiedene Ansätze zur Verfügung. Zu den einfachsten gehören **erfahrungsbasierte**, dazu zählen Schnittvergleiche, Checkliste und Heuristik.

Schnittvergleiche sind als Längsschnitt- oder Querschnittvergleich möglich. Der Längsschnittvergleich vergleicht das aktuelle Strategieraster mit den (rekonstruierten) Strategien vergangener Perioden beziehungsweise den geplanten Strategien zukünftiger Perioden. Daraus werden Übereinstimmungen und Abweichungen ersichtlich, die aufschlussreiche Erkenntnisse liefern. Der Querschnittvergleich vergleicht das aktuelle Strategieraster mit den (rekonstruierten) Strategien konkurrierender Anbieter. Auch daraus werden Übereinstimmungen und Abweichungen ersichtlich. Dies ergibt eine gute Handhabbarkeit der komplexen Aufgabe.

Strategieraster im Längsschnitt- und Querschnittvergleich

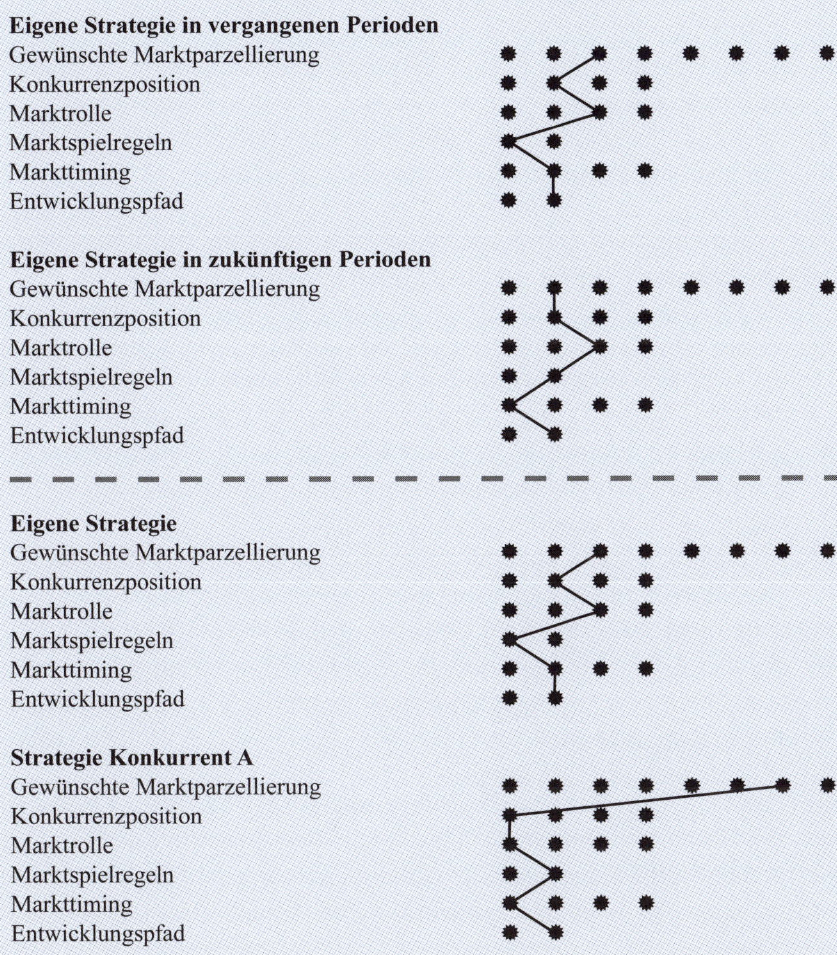

Die **Checkliste** legt verschiedene Anforderungskriterien an eine Strategie zugrunde und prüft, ob diese jeweils erfüllt sind oder nicht. Sie kommt also zu Ja-Nein-Aussagen. Die Anforderungskriterien sind jeweils individuell zu bestimmen. Verbreitet sind etwa folgende:

- Wird durch die Strategie ein Kundennutzen gewährleistet?
- Erlaubt die Strategie einen gravierenden Wettbewerbsvorteil?

- Trägt die Strategie zur Erreichung der Unternehmensziele bei?
- Baut sie auf Erfahrungen bzw. Stärken auf?
- Bündelt sie vorhandene Kräfte (Synergien)?
- Nutzt sie eindeutige Marktchancen?
- Ist die Strategie unter Kosten- und Umfeldaspekten mittel- bis langfristig durchhaltbar?
- Stehen die Entscheidungsträger hinter der Strategie?
- Sind die Realisierungsmöglichkeiten aussichtsreich?

Für eine systematischere Entscheidung bieten sich zudem (nicht-kompensatorische) **Heuristiken** an. Die Beurteilung erfolgt dabei:

- lexikografisch, d.h., für Strategiealternativen werden nur die wichtigsten Merkmale verglichen, sind diese erfüllt, kommt eine Alternative in Betracht, dadurch ergibt sich aber noch kein Gesamturteil,
- aspektweise Elimination, d.h., die Kriterien werden in absteigender Wichtigkeit nacheinander durchgegangen, und zwar so lange, bis nur noch eine Strategiealternative übrig bleibt,
- konjunktiv, d.h., für ein oder mehrere Kriterien müssen Mindestniveaus erfüllt sein, ansonsten kommt eine Strategiealternative nicht in Betracht, dadurch ergibt sich aber noch kein Gesamturteil,
- disjunktiv, d.h., ein oder mehr unverzichtbare Kriterien müssen erfüllt sein, damit eine Strategie in Betracht kommt, alle anderen Strategiealternativen scheiden aus.

Zumeist ist es jedoch erforderlich, exaktere, **analytische** Verfahren einzusetzen. Werden zwei Strategiealternativen hinsichtlich **eines** Bewertungskriteriums beurteilt, bietet sich die **Paarvergleichs-Matrix** (Cross-Impact-Matrix) als rechnerische Lösung an. Diese werden hinsichtlich ihrer komparativen Überlegenheit bei verschiedenen Beurteilungskriterien bewertet. Dazu wird für jedes Kriterium die Überlegenheit einer der beiden Strategiealternativen bestimmt und das Ergebnis in einer Matrix abgetragen. Dies erfolgt auf Basis einer Konstantsummenskala, das heißt, die Addition beider Punktwerte je Strategie/Kriterium ergibt immer dieselbe Zahl. So werden Entscheidungen erzwungen. Die Matrix besteht aus den beiden Strategiealternativen jeweils in der Kopfzeile sowie in der Kopfspalte, die in Paarvergleichen aufeinander bezogen werden. Für die jeweils überlegene Alternative wird ein »+« in die Matrix eingetragen, für die unterlegene ein »–«. Dann werden für jede Strategiealternative die Überlegenheitsurteile addiert. Aufgrund der Symmetrie ist es gleichgültig, ob dies horizontal oder vertikal erfolgt. Daraus ergibt sich eine Prioritätenfolge. Die Alternative mit den meisten komparativen Überlegenheitsurteilen ist die zu bevorzugende (siehe Abbildung »Paarvergleichs-Matrix«).

Paarvergleichs-Matrix

Vergleich		von Strategiealternative				
		A	B	C	D	E
zu Strategiealternative	A		+	+	–	–
	B	–		+	–	–
	C	–	–		–	–
	D	+	+	+		–
	E	+	+	+	+	
Überlegenheiten		2	3	4	1	0
Prioritätenfolge		3	2	1	4	5

Liegen zwei Bewertungskriterien vor, die für mehrere Strategiealternativen zu sichten sind (oder auch zwei Strategiealternativen, die hinsichtlich verschiedener Kriterien zu bewerten sind), so bietet sich die **Dominanz-Grafik** als grafische Lösung an. Dazu wird ein Quadrant aufgespannt, dessen Achsen die beiden Strategien/Kriterien bilden. Alle bewerteten Strategien/Kriterien werden entsprechend ihrer jeweiligen Zahlenkombination als Punktkoordinaten dort abgetragen. Dann wird eine Winkelhalbierende in den Quadranten gelegt. Liegen mehr Punktkoordinaten oberhalb des Fahrstrahls, ist die Strategiealternative, die auf der Ordinate abgetragen wurde, überlegen, und umgekehrt. Vorausgesetzt wird dabei, dass alle Kriterien gleichgewichtig sind. Im anderen Fall ist diejenige Strategiealternative überlegen, deren auf den Fahrstrahl gefälltes Lot am weitesten vom Koordinatenursprung entfernt liegt. Hier kann durch den Steigungswinkel des Fahrstrahls zusätzlich eine unterschiedliche Gewichtung der Beurteilungskriterien berücksichtigt werden (siehe folgende Abbildung).

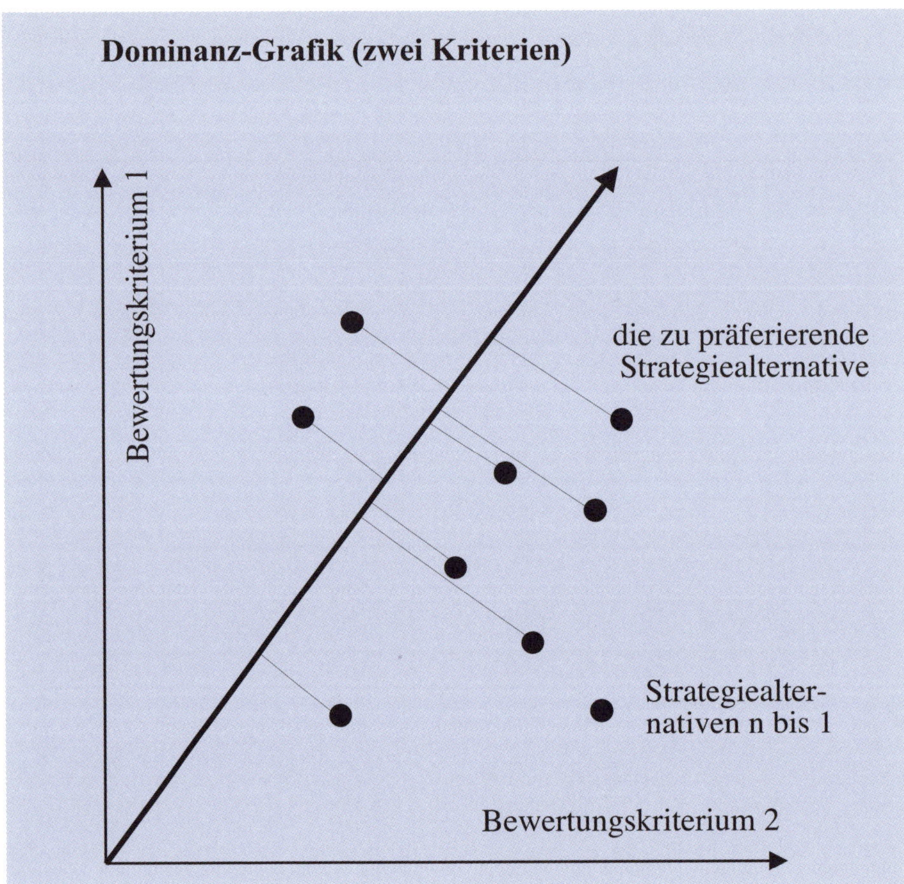

Gibt es mehr als zwei Strategiewahlmöglichkeiten und Bewertungskriterien, werden meist Punktbewertungsverfahren und Nutzwertanalysen angewendet.

Beim **Punktbewertungsverfahren (Scoring)** erfolgt die Beurteilung der Strategien anhand individuell relevanter Faktoren, welche die Gesamtheit der auf den Erfolg einwirkenden Einflussgrößen erfassen. Jede Strategie wird dabei über alle Faktoren mittels einer einheitlichen Skala beurteilt. Die Urteile aller Einzelfaktoren werden aggregiert. Dabei können für einzelne Faktoren auch Gewichtungen festgelegt werden, die zum Ausdruck bringen, welcher Anteil dem einzelnen Faktor zur Erfolgsträchtigkeit beigemessen wird (siehe Abbildung: Punktbewertungsverfahren (Beispiel)). Dabei handelt es sich jeweils um quantifizierbare Faktoren wie:

Punktbewertungsverfahren (Beispiel)

	Strategiealternative 1	Strategiealternative 2	Strategiealternative 3
Finanzbedarf/ Liquiditätsabfluss	Punkte: ___	Punkte: ___	Punkte: ___
Investitionen und lfd. Betriebskosten	Punkte: ___	Punkte: ___	Punkte: ___
Absatzmengen und Umsatzvolumina	Punkte: ___	Punkte: ___	Punkte: ___
Rohstoff- und Einsatzkosten	Punkte: ___	Punkte: ___	Punkte: ___
Rentabilität bzw. Gewinn	Punkte: ___	Punkte: ___	Punkte: ___
F&E-Aufwand/ Vorentwicklung	Punkte: ___	Punkte: ___	Punkte: ___
Punktsumme	___	___	___

- Finanzbedarf/Liquiditätsabfluss,
- Investitionen und laufende Betriebskosten,
- Absatzmengen und Umsatzvolumina,
- Rohstoff- und Einsatzkosten,
- Rentabilität bzw. Gewinn,
- F&E-Aufwand/Vorentwicklung.

Scorings sind universell anwendbar und einfach handhabbar, sie bedingen einen geringen Zeitaufwand und zwingen zu klaren Aussagen. Aber die Ergebnisse hängen von subjektiven Einschätzungen ab, produzieren grobe und pauschalisierte Ergebnisse und beziehen sich nur auf quantitative Größen.

Allerdings spielen aufgrund steigender Komplexität häufig qualitative, das heißt nicht-quantifizierbare Faktoren eine entscheidende Rolle. Diese werden durch **Nutzwertanalysen** operationalisiert, das heißt messbar gemacht. Jede Strategiealternative wird hinsichtlich jedes Bewertungskriteriums bewertet, das heißt, die Erfüllung des im Kriterium enthaltenen Ziels wird ermittelt. Die Zielerreichungsgrade sind wie die Gewichte dimensionslose Größen. Die Multiplikation der Größen Gewicht und Zielerfüllungsgrad ergibt den Teilnutzwert jeder Lösungsmöglichkeit für jedes Bewertungskriterium. Die erreichte absolute Zahl ist nichtssagend. Ihr Wert entsteht erst im Vergleich der Teilnutzwerte zwischen den Alternativen.

Die Addition der Teilnutzwerte je Lösungsmöglichkeit ergibt deren Nutzwert. Die Strategiealternative mit dem höchsten Nutzwert bietet sich zur Realisierung als erste an. Da die Nutzwertanalyse einen Objektivitätseindruck vermittelt, der die zugrunde liegenden qualitativen Bewertungen verdecken kann, muss man sich bewusst machen, dass es sich letztlich um eine subjektive Einschätzung handelt. Mussanforderungen sind K.-o.-Kriterien: Werden sie von einer Handlungsalternative nicht erfüllt, ist sie keine Handlungsalternative. Die Kriterien sind wiederum individuell zu bestimmen, denkbar sind etwa folgende:

- Nutzung von Synergien,
- Risikoausmaß der Strategie,
- Profilierungschance am Markt,
- Know-how-Erfordernis,
- Flexibilität der Anpassung,
- Zeitbedarf zur Umsetzung.

Vorteile der Nutzwertanalyse sind ihre streng systematische Vorgehensweise, die Berücksichtigung einer Vielzahl von Größen, eine gute Objektivierung durch Expertenurteil, die Transparenz und Nachprüfbarkeit der Entscheidungsgrundlage auch bei hoher Komplexität. Nachteile sind jedoch der hohe Erstellungsaufwand und die Abhängigkeit von vielfältigen subjektiven Einflüssen, die eine Scheingenauigkeit produzieren.

Schließlich können ausschließlich **finanzorientierte** Wirtschaftlichkeitsrechnungen zugrunde gelegt werden. Dabei handelt es sich etwa um die Kapitalwertmethode oder das Capital Asset Pricing Model.

Die **Kapitalwertmethode** ist ein Verfahren der dynamischen Investitionsrechnung und hat die Maximierung des Barwerts der Einzahlungen (Ausgaben/Investitionen) und Auszahlungen (Einnahmen/Erlöse) der verschiedenen Strategien zum Ziel. Der Kapitalwert ergibt sich durch Diskontierung der Zahlungsreihen von gegenwärtigen und zukünftigen Einnahmen und Ausgaben mit dem gegebenen Kalkulationszinsfuß auf einen gemeinsamen Bezugszeitpunkt. Ein positiver Kapitalwert spricht für eine empfehlenswerte Investition, bei mehreren Strategien entscheidet der vergleichsweise höchste Kapitalwert, das heißt, je mehr der Barwert der Einnahmen den der Ausgaben übersteigt, desto vorteilhafter ist die Investition. Dabei stellen sich allerdings viele Unwägbarkeiten dar, so die Wahl eines geeigneten Zinsfußes, die Länge des Betrachtungszeitraums, die Schätzung zukünftiger Investitionen und Erlöse, der Ausgleich abweichender Investitionshöhen über kalkulatorische Differenzinvestitionen etc.

Das **Capital Asset Pricing Model** stellt eine Weiterentwicklung der Kapitalwertmethode dar, indem die geschätzte Rendite einer Strategiewahl mit alternativen Anlagemöglichkeiten am Kapitalmarkt unter Einbeziehung von Risikoaspekten verglichen wird. Dieses Risiko lässt sich in ein systematisches Risiko des allgemeinen Kapitalmarkts und in ein spezifisches Risiko der Strategieumsetzung unterteilen. Als Anhaltspunkte dienen die Rendite eines »normalen« risikobehafteten Markts (etwa der DAX-Index) und die Rendite eines risikolosen Markts (für nur systematisches Risiko). Dazwischen kann eine Kapitalmarktlinie gezogen werden, bei welcher die Renditeanforderungen des Managements zweckmäßigerweise mit steigendem Gesamtrisiko ansteigen. Diese Kapitalmarktlinie ist die Kombination aller effizienten Risiken und Renditen. Je nachdem, ob Strategiealternativen ober- oder unterhalb dieser Kapitalmarktlinie liegen, sind sie günstig (oberhalb) oder ungünstig (unterhalb). Bei Ergebnissen unterhalb der Kapitalmarktlinie ist es ökonomisch sinnvoller, in andere Projekte zu investieren. Bei mehreren Projekten oberhalb der Kapitalmarktlinie entscheidet die individuelle Risikoscheu über die Wahl, denn meist ist eine höhere Rendite auch mit einem höheren Risiko verbunden. Daher kann je nachdem die relativ sicherere oder die relativ gewinnträchtigere Strategie gewählt werden. Die Mindestrendite ergibt sich bei einer risikolosen Alternative, diese Rendite muss eine Strategie mindestens immer erwirtschaften, da ansonsten ihre Umsetzung unterbleibt (siehe Abbildung: Capital Asset Pricing Model). Allerdings gelten rigide Modellvoraussetzungen wie u.a. vollkommener Kapitalmarkt, kurzfristige einperiodische Betrachtung und hinreichende Information über zukünftige Risiken.

Capital Asset Pricing Model

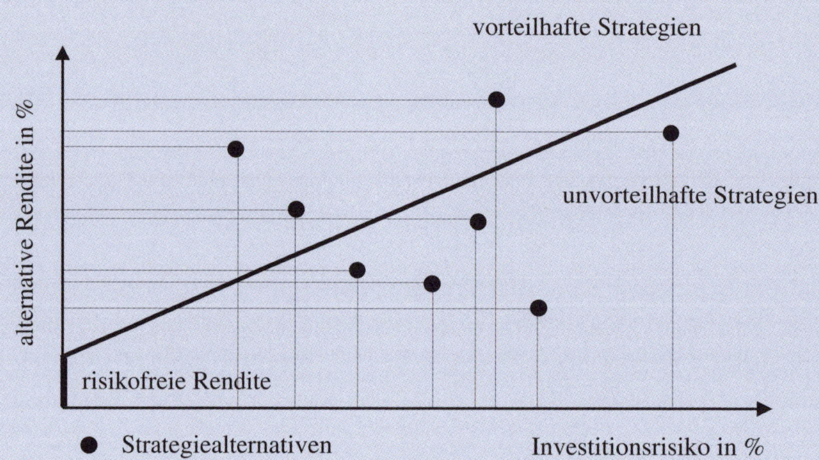

Finanzorientierte Verfahren berücksichtigen nur monetäre Größen als »Gleichmacher« abweichender Strategien. Die Analyse erfordert fundierte Informationen und ist objektiviert, weil sie wenig Spielraum für subjektive Interpretationen lässt. Jedoch ist die Erstellung relativ aufwendig. Zudem ergibt sich eine hohe Unsicherheit bei der zukunftsbezogenen Schätzung, und nicht-monetäre Faktoren werden völlig außen vor gelassen.

4. Die konzeptionellen Stellgrößen im Marketingplan

Die konzeptionellen Stellgrößen sind im Marketing das Bindeglied zwischen der Strategie und den Marketinginstrumenten. Sie befassen sich im Einzelnen mit der Bestimmung der Absatzquelle, der Segmentierung der Zielgruppe und der Entwicklung der Positionierung.

So erschließen Sie Ihre favorisierte Absatzquelle

Die Absatzquelle, anschaulich auch »Source of Potential Demand« oder »Source of Business« genannt, stellt durch Bedarf von Nachfrage gestützten Erlös dar, der bereits existiert oder vermutet, bereits bearbeitet oder zur Bearbeitung geplant ist. Sie gibt an, wo sich die Kaufkraft befindet, die bestimmungsgemäß für den Erfolg eines Angebots erschlossen werden soll. Denn wenn es nicht gelingt, diese Kaufkraft zu erschließen, muss jeder Anbieter scheitern. Dies macht bereits die zentrale Bedeutung der Absatzquelle deutlich. Dafür gibt es eine Reihe von Optionen innerhalb der Marktdurchdringung, der Produktausweitung und der Marktentwicklung, siehe Abbildung »Optionen der Absatzquelle«.

Optionen der Absatzquelle

Marktdurchdringung			
Intensitätssteigerung	Gebietsausdehnung	Präsenzstreckung	Set-Alternative
Produktausweitung			
Problemweckung	Eroberung	Kategoriewechsel	Marktschaffung
Marktentwicklung			
Up Selling	Cross Selling	Added Values	Produktwandel

Alternativen der Marktdurchdringung

Als Möglichkeiten zur Marktdurchdringung stellen sich vor allem folgende:

Intensitätssteigerung beabsichtigt die Erhöhung der Kaufmenge je Periode durch engere zeitliche Abfolge der Verwendung mit der Konsequenz höheren Verbrauchs oder stärkeren Einsatzes des Produkts je Verwendung. Denkbar, wenngleich ethisch bedenklich, ist auch die künstliche Veralterung von Produkten.

Historische Beispiele für solche künstlichen Veralterungen (Planned Obsolescense) sind die mutmaßliche Begrenzung der Lebensdauer von Glühfäden in Leuchtmitteln oder der unnötige Einbau von ansonsten nicht notwendigen Sollbruchstellen in Küchengeräte. Ein aktuelles Beispiel sollen Kärcher-Hochdruckreiniger liefern, von denen gemutmaßt wird, dass ihre technische Lebensdauer aktiv auf wenige Laufstunden begrenzt wird. Dies würde freilich im Hobby-Bereich immer noch eine Nutzung über mehrere Jahre erlauben, da die Nutzungsdauer pro Jahr eher im Minutenbereich liegt.

Gebietsausdehnung erfolgt durch Bearbeitung neuer räumlicher Märkte. In dem Maße, wie dort Erfolge erreicht werden können, entsteht zusätzliches Geschäftsvolumen. Die Gebietsausdehnung vollzieht sich intranational auf lokaler, regionaler oder nationaler Ebene sowie international.

Als Beispiel kann das versuchte Eindringen des weitaus größten Handelskonzerns, Wal-Mart, in den deutschen Markt gelten. Durch Übernahme der Wertkauf-Kette konnte auf dem hoch kompetitiven deutschen Markt ein Standbein geschaffen werden. Parallel wurden die Wal-Mart-typischen Erfolgsfaktoren eingesetzt. Dazu gehören zum Beispiel der Greeter, meist ein pensionierter Mitarbeiter, der Kunden beim Betreten des Ladens willkommen heißt, die 10-Feet-Regel, wonach jeder Mitarbeiter auf einen Kunden zugehen muss, wenn dieser sich weniger als zehn Fuß (etwa drei Meter) entfernt befindet, oder der Packservice hinter der Kasse, bei dem gekaufte Waren fachmännisch verpackt und zum Wagen transportiert werden. Abgesehen davon, dass solche Servicestandards in Deutschland irritierend sind und damit auf Ablehnung stoßen, scheiterte der Vorstoß vor allem kläglich am entschlossenen Preiswiderstand der gesamten Discounterbranche und den restriktiven Reglementierungen für Standorteröffnungen.

Präsenzstreckung betrifft die zeitliche Ausdehnung unterjährig oder saisonal angebotener Produkte beziehungsweise bearbeiteter Märkte. Gelingt es, diese Restriktion zu brechen, entsteht zusätzliches Geschäftsvolumen.

Präsenzstreckung wird zum Beispiel von den niederländischen Obst- und Gemüseproduzenten durch perfektionierte Treibhaustechnik geschaffen, um selbst im Winter frische Ware anzubieten. Auch das äußerst beliebte Produkt Kinder-Überraschung (Ferrero) startete als Saisonartikel zu Ostern und wurde erst im Laufe der Zeit zu einem ganzjährigen Angebot umgestellt. Speiseeishersteller propagieren den Verzehr von portioniertem Eis auch außerhalb der warmen Jahreszeit. Vor allem Magnum (Langnese) ist es gelungen, aus dem engen Korsett der zudem noch witterungsanfälligen Sommerzeit auszubrechen. Ein weiteres Beispiel ist das Online-Banking, das einen 24/7-Zugriff auf viele Bankdienstleistungen, unabhängig von den begrenzten Öffnungszeiten der Filialen, bietet.

Set-Alternative strebt an, dass ein Produkt von Kunden im Wechsel zu ihrem Stammangebot gekauft wird. Ziel ist also nicht die komplette Konkurrenzverdrängung, sondern nur eine partielle. Dadurch besteht die Chance, Nachfrager zu gewinnen, die nicht bereit wären, ausschließlich ein Angebot zu nutzen, sich aber sehr wohl vorstellen können, dies im Wechsel tun. Dies setzt allerdings voraus, dass das eigene Produkt sich im Set der akzeptierten Kaufalternativen befindet.

Ein typisches Beispiel ist das alkoholfreie Clausthaler-Bier. Da nicht zu erwarten ist, dass Konsumenten ausschließlich alkoholfreies Bier trinken – denn der Anreiz des Bierkonsums besteht häufig gerade in der alkoholisierenden Wirkung –, wurde es als gute Lösung angesehen, Clausthaler als Alternative zu normalem (alkoholhaltigem) Bier auszuloben, etwa, wenn man einen klaren Kopf behalten muss oder noch Auto fahren will. Der Slogan »Nicht immer, aber immer öfter« suggerierte gerade diesen Wechselkonsum (Dual-/Multiloyalität) und schaffte damit den Einbruch in den traditionellen Biermarkt. Der Slogan ist zwischenzeitlich zum geflügelten Wort geworden.

Alternativen der Produktausweitung

Als Möglichkeiten zur Produktausweitung stellen sich vor allem folgende:

Problemweckung zielt darauf ab, seitherige Nichtverwender zu erreichen und ihnen die Nutzung eines Produkts nahezubringen, indem man sie für ein Problem sensibilisiert. Dies richtet sich an potenzielle Abnehmer, die aufgrund ihrer objektiven Merkmale zwar als Käufer infrage kommen, denen ein entsprechendes Angebot aber bisher nicht zugedacht war oder die es mangels Kenntnis oder Interesse ablehnten. Ursprung dieser Alternative ist sicherlich Toppits-Frischhaltefolie von Melitta mit dem Argument »Vermeidung von Gefrierbrand« gegen billige No-Name-Folien.

Als Beispiel kann das Produkt Milchschnitte (Ferrero) gelten. Früher wurde es als gesunde Aufbaunahrung für Kinder (z.B. in den Schulpausen) propagiert. Durch die geburtenschwachen Jahrgänge erodiert diese Zielgruppe zunehmend. Daher war es erforderlich, neue Nachfrager zu gewinnen. Heute wird Milchschnitte als moderne, gesunde Zwischenmahlzeit für junge, aktive Erwachsene ausgelobt. Damit wird einerseits gewohntes Konsumverhalten fortgeschrieben, andererseits aber die stigmatisierende Aura eines Kinderprodukts beseitigt. Gleiches gilt für Duplo (Ferrero) als die »wahrscheinlich längste Praline der Welt«. Ursprünglich war Duplo ein gewöhnlicher Schokoriegel, vorwiegend zum Selbstverzehr und für Kinder. Daraus wurde ein Anbietprodukt stilisiert, was durch die Analogie als Praline dramatisiert wurde. Als Zielpersonen werden junge Erwachsene angepeilt. Das Gleiche gilt für andere Ferrero-Produkte wie Kinder-Schokolade oder Kinder-Country, die ebenfalls von Erwachsenen verzehrt werden sollen.

Eroberung als Konkurrenzverdrängung ist die naheliegendste, wenngleich auch schwierigste Absatzquelle. Denn die Konkurrenten versuchen durch Bindungsstrategien, ihre Kunden für Abwerbungen unanfällig zu machen. Daher müssen neue Kunden meist aus bestehenden Beziehungen teuer »herausgekauft« werden. Konkurrenzverdrängung erfolgt relativ durch schnelleres Wachstum als der Mitbewerb beziehungsweise langsameres Schrumpfen als dieser, indirekt durch Wachstum bei Marktstagnation, absolut durch schnelleres

Wachstum als das Marktwachstum beziehungsweise langsameres Schrumpfen als dieses oder direkt durch gezielten Konkurrenzangriff.

Als Beispiel kann der Erfolg der Dr.-Best-Zahnbürsten (GSK) gelten. Der Zahnbürstenmarkt ist gering involvierend, die Produkte sind weitgehend homogen, der Wettbewerb wurde daher im Wesentlichen über den Preis geführt. Dr. Best gelang eine Konkurrenzverdrängung bis zur Erreichung der Marktführerschaft durch eine überlegene Leistungspositionierung. Dazu wurde die Bedeutung einer »intelligenten« Zahnbürste für die Pflege von Zähnen und Zahnfleisch betont. Durch spezielle Ausstattungen wurde die Zahnbürste so verändert, dass diese Intelligenz im Produkt sichtbar und damit nachvollziebar wurde (rutschfester Griff, Schwingkopfelement zum Druckausgleich, unterschiedlich lange Borsten, verwindbarer Bürstenkopf, Sensorgelenk im Bürstenkopf etc.). Zugleich wurde dieser Anspruch durch ein überzeugendes Key Visual (Tomate und Zahnbürstendruck), ein glaubwürdiges Testimonial (Prof. Dr. James Best) und einen merkfähigen Slogan (»Die klügere Zahnbürste gibt nach«) werblich penetriert.

Kategoriewechsel ist bei zwei oder mehr Angebotssystemen am Markt möglich. Sofern ein Anbieter nur in einem System vertreten ist, ist es zunächst erforderlich, generisch die Kunden in das »eigene« System herüberzuziehen, bevor Zugang zu ihnen erreicht werden kann. Vor der Anbieterentscheidung ist also eine Kategorieentscheidung erforderlich. Dies bietet sich an, wenn innerhalb eines gemeinsamen Marktes zwei oder mehr qualitativ unterschiedliche Produktgruppen vorhanden sind und Kaufkraft von der einen in die andere Kategorie abgezogen werden soll.

Ein Beispiel dafür ist der Erfolg von Punica. Punica ist innerhalb der Kategorie Fruchtsäfte/Nektare ein eher konkurrenzunterlegenes Produkt, und zwar wegen seines geringen Fruchtanteils. Insofern kam Konkurrenzverdrängung – trotz eines Preisvorteils – kaum in Betracht. Innerhalb des Marktes für alkoholfreie Erfrischungsgetränke (AfG) gibt es jedoch weitere Kategorien, vor allem Limonaden. Diese kommen dem Nutzen von Fruchtsäften nahe. Die Idee von Punica bestand darin, statt Kaufkraft von notwendigerweise leistungsüberlegenen Fruchtsäften abzuziehen – was gerade wegen des gesundheitssensiblen Charakters schwierig ist –, eher Kaufkraft von der leistungsunterlegenen, weil »ungesunden« Kategorie Limonade abzuziehen. Dies konnte allerdings nur gelingen, wenn man Mütter/Väter, die latente Bedenken gegen den Genuss von Limonade durch ihre Kinder hegen, diesen aber dulden, auf das überlegene System Fruchtnektar hinweist. Denn im Vergleich zu den »bedenklichen« Limonaden ist selbst der einfachste Fruchtnektar das vorteilhaftere Produkt, und das bei vergleichbarem Preisniveau. Den Kindern als Verwendern wurde Punica als Spaßgetränk analog zu Limonaden präsentiert, sodass eine Grundakzeptanz entstand. Somit kam es zu Überwechslern zwischen den Systemen und damit zur Erschließung neuer Nachfragergruppen.

Marktschaffung erfolgt durch das Angebot völlig neuartiger Problemlösungen. Dies ist zwar äußerst selten der Fall, bietet dem Innovator jedoch eine mehr oder minder lange Monopolstellung. Eine »echte« Marktschaffung ist selten, weil meist neue Produktarten lediglich alte ersetzen – zum Beispiel CD-Player statt Analogplattenspieler, Camcorder statt Super-8-Kamera und E-Mail-Nachrichten statt Telex-und Telefaxtechnik. Viel seltener gelingt es, originär neue Märkte zu etablieren, die Angebotsmerkmale aufweisen, die es bis dato noch nicht gab, wie PCs, Festplatten-Videorekorder oder portionierte Joghurts, aber auch Post-it-Zettel oder Schokoriegel. Nur dann wird wirklich ein neuer Markt geschaffen, der in der Lage ist, zusätzliche Kaufkraft hervorzubringen.

Ein Beispiel ist der Mobilfunkmarkt. Hier wird seit geraumer Zeit ein eskalierender Nutzen geboten, der in dieser Form vorher in keiner Weise verfügbar war. Über die Sprachkommunikation hinaus ist an Datenübertragung (wie E-Mails), Mehrwertdienste wie Navigation, Bildtelefonie et cetera zu denken. Ein weiteres Beispiel sind Kaffee-Pad-Automaten, die erstmals die rasche, saubere und unkomplizierte Ein-Portionen-Kaffeezubereitung ermöglichen.

Alternativen der Marktentwicklung

Als Möglichkeiten zur Marktentwicklung stellen sich vor allem folgende:

Up Selling erfolgt durch Erhöhung des Werts je Kaufakt, indem ein höherwertigeres anstelle des bisherigen Produkts gekauft wird. Kauffrequenz und -menge bleiben dabei unverändert. Wenn es gelingt, Kunden zum Kaufentscheid ein solch höherwertigeres Produkt anzudienen, resultiert daraus meist auch ein höherer Ertrag. Dadurch wird dem Kunden eine anbietertreue Produktkarriere ermöglicht.

Zu denken ist in diesem Zusammenhang an die Kontoführungspakete der Kreditinstitute. Hier wird von Sparkassen etwa in die Gruppen Girokonto, Giro-Classic-Konto und Giro-Start-Konto unterteilt. Die einzelnen Pakete unterscheiden sich durch den Umfang der Serviceleistungen und dementsprechend auch im Preis. Es bleibt aber bei einem Girokonto je Auftraggeber. Nur wird angestrebt, aus diesem Girokonto ein Mehr an Gebühren herauszuholen, indem Kunden mit steigenden Ansprüchen auf das umfangreichere Paket umsteigen und dafür einen höheren Betrag berechnet erhalten. Ein anderes Beispiel sind die Kreditkartenunternehmen, die durch das abgestufte Angebot verschieden werthaltiger Credit Cards (Grüne Karte, Goldene Karte, Platin-Karte, Schwarze Karte) einen Aufstieg ermöglichen, wobei sich die Leistungsumfänge in der Kartenhierarchie praktisch nur marginal, die Preisunterschiede aber überaus erheblich darstellen.

Cross Selling meint die Induzierung von Käufen durch Abnehmer, die bereits in einer Produktgruppe Kunden sind, auch in einer anderen eigenen Produktgruppe. Dadurch kann der Kundenwert besser ausgeschöpft werden (Share of Wallet). Da die Marktrealität durch Mehrproduktunternehmen gekennzeichnet ist, entsteht damit gleich mehrfacher Zugriff auf Nachfrager.

Als klassisches Beispiel gilt das Allfinanzangebot der Finanzdienstleister. Durch Angliederung von Kreditinstituten, Bausparkassen oder Versicherungen zielen die Anbieter dort darauf ab, einen möglichst großen Anteil der Geldausgaben der Bevölkerung für Finanzdienstleistungen zugunsten der eigenen Unternehmensgruppe zu liquidieren. Allerdings sind die praktischen Erfahrungen bisher ernüchternd. Zu verschiedenartig sind die Anforderungen in den jeweiligen Geschäftssparten, als dass die erheblichen Potenziale sich bisher hätten materialisieren lassen. Im Gegenteil, die entstehenden Komplexitätskosten scheinen zu überwiegen.

Added Values als Zusatzverkäufe beabsichtigen, ein Basisprodukt durch Ausstattungen in seinem Gebrauchswert, aber auch seinem Kaufwert zu steigern. Häufig dient ein optisch niedriger Einstiegspreis, der womöglich noch intern subventioniert ist (Ausgleichsnehmer) als Köder für ein Folgegeschäft, das zu Preisen abgewickelt wird, die nicht nur einen angemessenen Gewinn erwirtschaften, sondern darüber hinaus die entgangenen Deckungsbeiträge des Ausgangsprodukts alimentieren (Ausgleichsgeber). Häufig erfolgt dies durch Bundling/Unbundling, also das Zusammenfügen seither selbstständig vermarkteter Produkte zu einem neuen Komplettangebot beziehungsweise das Aufknüpfen eines seither vermarkteten Angebotsbündels zu Einzelprodukten. Der Nutzen eines Bundles kann ein Preis-Leistungsvorteil sein, indem das synergetische Zusammenwirken von Einzelkomponenten zu mehr Leistung bei gleichem Preis führt. Oder es stellt sich ein Bequemlichkeitsvorteil ein, da die einzelnen Komponenten im Bundle bereits aufeinander abgestimmt sind. Dies betrifft sowohl Produkt- als auch Sachleistungs-Dienstleistungs-Bündel.

Als praktisches Beispiel können die Ausstattungsaufpreise bei Pkw-Modellen gelten. Es gilt in der Branche als Vorgabe, mindestens 20 Prozent Zusatzverkäufe mit Sonderausstattungen und Zubehör zu realisieren. Dies ist bei der Aufpreisgestaltung der meisten Hersteller auch kein Problem. Weit übertroffen wird dieser Wert zum Beispiel von BWM 1-er und Mini-Modellen, die damit als Kleinwagen weit in Mittelklasse-Preise hineinragen. Weitere Beispiele sind Verbrauchsprodukte wie Toner bei Computerdruckern oder Rasierklingen bei Nassrasierern, aber auch Gebrauchsprodukte wie Spielemodule für Computerspielekonsolen. Bundling findet sich bei Paketangeboten von Computern (Zentraleinheit, Bildschirm, Peripherie, Software etc.), Unbundling beim MacMini (nur Zentraleinheit) als Einstieg in die Apple-Welt.

Produktwandel bedeutet, neue Einsatzmöglichkeiten für ein Produkt auszuloben, um Personen zu erreichen, die bisher in diesem Produkt keine adäquate Problemlösung gesehen haben.

Als Beispiel kann der ehemalige Magenbitter Jägermeister gelten. Dieser entwickelte sich vom biederen Kräuterlikör zum angesagten Longdrink (Jägermeister Tonic), hierzulande zwar neu, in Südeuropa aber schon lange so üblich. An die Stelle der gesunden, aber langweiligen Spirituose trat das moderne, lifestylige Mixgetränk. Weitere gelungene Beispiele betreffen den generischen Wandel des Fahrrads vom Fortbewegungsmittel für arme Leute zum Trimmgerät mit allerlei Schnickschnack für Gesundheitsbewusste oder den Wandel des Kombi-Pkw vom Nutzfahrzeug für Handwerker zum Lifestyle-Gefährt für Personen mit platzgreifenden Outdoor-Hobbys (forciert durch Oberklasse-Marken wie Audi, BMW und Mercedes). Ein Beispiel eines gescheiterten Produktwandels ist Eierlikör. Hier wurde versucht, aus einer betulichen Sprituose einen exquisiten Zusatz zu Desserts wie Gebäck, Pudding oder Eiscreme werden zu lassen. Dadurch sollten Modernität und Akzeptanz gefördert werden. Weitere gescheiterte Beispiele betreffen Stofftiere zum Verschenken unter Erwachsenen, wie von Steiff initiiert, Kräuterjoghurt als Brotaufstrich analog zum Quark (von Lünebest/Unilever) oder Klosterfrau Melissengeist als Stärkungsmittel für junge, leistungsbereite Personen.

Tragen Sie die von Ihnen favorisierte Absatzquelle in das vorliegende Formular ein.

Formular Absatzquellenbestimmung

Marktdurchdringung:

- Intensitätssteigerung ❑
- Gebietsausdehnung ❑
- Präsenzstreckung ❑
- Set-Alternative ❑

Produktausweitung:

- Problemweckung ❑
- Eroberung ❑
- Kategoriewechsel ❑
- Marktschaffung ❑

Marktentwicklung

- Up Selling ❑
- Cross Selling ❑
- Added Values ❑
- Produktwandel ❑

Eine saubere Definition der Absatzquelle hat erhebliche Erfolgsbedeutung, denn je nach deren Wahl folgen daraus später völlig unterschiedliche Marketingaktivitäten.

Wie man seine Zielgruppe wirksam segmentiert

Die Zielgruppe wird von denjenigen Personen gebildet, welche die Absatzquelle verkörpern. Denn Nachfrage ist, auch im Geschäftskundenbereich, nicht abstrakt am Markt vorhanden, sondern konkretisiert sich in den nachfragenden Personen. Wichtig ist es, diese möglichst aussagefähig zu charakterisieren. Dafür bieten sich demografische, psychologische, soziologische und typologische Kriterien an.

Demografische Segmentierung

Die demografische Segmentierung erfolgt nach folgenden Kriterien:

- Geschlecht
- Altersklasse, normalerweise zur Vereinfachung in Fünf-Jahres-Schritte eingeteilt, beginnend mit 14 Jahren, endend mit über 70 Jahren
- Haushaltsführung/Kaufentscheid (dies ist bedeutsam für die Produktwahl innerhalb einer Kategorie und Auftragskäufe)
- Einkommen (als Haushaltsnettoeinkommen, persönliches Einkommen oder frei verfügbares Einkommen). Das Haushaltsnettoeinkommen wird meist in 250-Euro-Schritten rubriziert, beginnend mit unter 750 Euro, endend mit über 2.500 Euro, jeweils als Summe aller in einem Haushalt verfügbaren Nettoeinkommen pro Monat
- Familienstand, wobei dieser immer weniger eindeutig auszumachen ist
- Ausbildung (Schule/Lehre), normalerweise unterteilt in Volksschule/Grund- und Hauptschule ohne Lehre, Volksschule/Grund- und Hauptschule mit Lehre, weiterführende Schule ohne Abitur, Abitur, Hochschule/Universität
- Tätigkeitsgruppe, unterschieden werden zumeist Inhaber/Leiter/freie Berufe, kleine und mittlere Selbstständige/Landwirte, leitende Angestellte/Beamte, sonstige Angestellte/Beamte/nicht berufstätig Gewesene, Facharbeiter/sonstige Arbeiter, außerdem in Ausbildung Befindliche, Berufstätige, nicht Berufstätige, Rentner
- Haushaltsgröße/Kinderzahl, normalerweise unterteilt in ein, zwei, drei, vier, fünf und mehr als fünf Personen im Haushalt, das Kindesalter wird in Vier-Jahres-Schritte, beginnend mit unter sechs Jahren, endend mit 14 Jahren, unterteilt

- Wohnortgröße (Bundesland/Nielsen-Gebiet), normalerweise in Schritten zu unter 5.000, unter 20.000, unter 100.000, unter 500.000, über 500.000 Einwohner unterteilt
- Besitzstatus, etwa von Immobilien, Automobilen, Gärten, Haustieren etc. (innerhalb dieser Merkmale kann wiederum abgestuft werden, z.B. Besitzer kleiner, mittlerer, großer Gärten).

Darüber hinaus werden sonstige Merkmale wie Jahr der Eheschließung, Stockwerk/Parteienzahl im Wohnhaus, Wohndauer, Zeit außer Haus und Ähnliches zugrunde gelegt. Häufig anzutreffen sind auch Segmentierungskriterien wie:

- **Preisbedeutung**, diese bezieht sich auf die Bevorzugung bestimmter Preisklassen beim Kauf oder den Kauf von Sonderangeboten nach Preis-Leistungs-Verhältnis;
- **Einkaufsstättenwahl**, diese bezieht sich auf die Präferenz für bestimmte Betriebsformen des (Einzel-)Handels oder einzelne Geschäftsstätten;
- **Einkaufszeitpunkt**, dieser bezieht sich z.B. auf die Wahl der Vorsaison für Urlaubsreisen oder Subskriptionen bei Verlagsprodukten;
- **Produktartenwahl**, diese bezieht sich z.B. auf den Kauf bzw. Nichtkauf bestimmter Produktgruppen, wie Cabrios, Jeeps oder Großraumlimousinen im Pkw-Bereich;
- **Produktvolumen**, dieses bezieht sich z.B. auf Kauf- und Verbrauchsvolumina (so werden Großpackungen vorwiegend von Intensivverwendern/Heavy Users gekauft und Kleinpackungen vorwiegend von Singles).

Demografisch basierte Segmentierungen sind allerdings zu allgemein gehalten, um in den differenzierten Lebensstilgesellschaften der heutigen Zeit noch tragfähige Abgrenzungen schaffen zu können. Vielmehr sind dazu sozialpsychologische Abgrenzungen erforderlich.

Formular Deskriptive Zielgruppenabgrenzung (B-t-C)

Geschlecht:

____

Altersklasse:

____

Haushaltsführung/Kaufentscheid:

____

(HHNE-)Einkommen:

____

Familienstand:

____

Ausbildung:

____

Tätigkeitsgruppe:

____

Haushaltsgröße/Kinderzahl:

____

Wohnortgröße:

____

Besitzstatus:

____

Sonstige Kriterien:

____

____

____

Verwenden Sie zur Festlegung demografischer Segmentierungskriterien dennoch am besten das vorliegende Formular Deskriptive Zielgruppenabgrenzung.

Psychologische Segmentierung

Psychologisch basierte Segmentierungskriterien heben auf intrapersonale Größen ab. Daraus ergeben sich vielfache Anhaltspunkte bei der Zielgruppenabgrenzung. Im Folgenden einige wichtige Kriterien.

Emotion ist Aktivierung, die in vielen Fällen (bei sogenanntem High Involvement) Voraussetzung für Verhalten ist. Sie wird durch unwillkürliche oder willkürliche Reize herbeigeführt, wobei Bildreizen eine besondere Aktivierungskraft zugeschrieben wird, weil sie leichter wahrgenommen, besser verstanden und länger behalten werden als Texte. In Bezug auf die werbliche Aktivierung ist ein mittleres Niveau auszusteuern, das weder Überaktivierung (Panik, Hektik) noch Unteraktivierung (Lethargie) bedeutet.

Motivation ist mit Energie versehener Antrieb, der auf die Annäherung an oder die Absetzung von Bezugsobjekten gerichtet ist. Primäre Motive sind angeboren, sekundäre anerzogen. Intrinsische Motive sind in der Person veranlagt, extrinsische in der Gesellschaft. Bewusste Motive sind für die Person erkennbar, unbewusste hingegen steuern verborgen das Verhalten. Mehrere Motive sind häufig konfliktär zueinander. Zu unterscheiden sind Grundnutzenmotive (Existenz, Sicherheit) und Zusatznutzenmotive (Geselligkeit, Profilierung, Selbstverwirklichkeit), von denen angenommen wird, dass sie untereinander hierarchisch organisiert sind.

Einstellungen sind Meinungen über Waren, Marken, Unternehmen, Personen et cetera. Sie haben eine Wissenskomponente, eine Mögenkomponente und eine Handlungsabsichtskomponente. Unklar ist jedoch die Beziehung zwischen Einstellungen und Verhalten; eine Theorie behauptet, dass Einstellungen verhaltenssteuernd sind, andere halten entgegen, dass vielfältige weitere Einflussgrößen zwischen Einstellung und Verhalten liegen (wie Kaufkraft, Verfügbarkeit, Preis etc.).

Bei High Involvement erfolgt eine intensive Auseinandersetzung mit einem Kaufobjekt, eine gründliche Informationseinholung darüber und ein überlegter Entscheid. Bei Low Involvement erfolgt keine explizite Auseinandersetzung, jedoch kann durch werbliche Penetration auf den Kaufentscheid unbewusst Einfluss genommen werden.

Risikoempfinden resultiert aus finanziellen (Kaufpreis, Bindungsdauer etc.), funktionalen (Qualität, Ausstattung etc.), sozialen (Akzeptanz, Profilierung etc.) und psychologischen Unsicherheiten (Zufriedenheit, Identifikation), die mit fast jedem Kauf verbunden sind. Sie treten besonders nach dem Kauf zutage, wenn die Vorteile der nicht gewählten Alternativen und zugleich die Nachteile der gewählten Alternative verstärkt wahrgenommen werden (sog. kognitive Dissonanz). Diese Dissonanzen müssen durch werbliche Beeinflussung zur Konsonanz umfunktioniert werden.

Wahrnehmung ist immer aktiv (d.h. erfordert die Aufmerksamkeit der Person), subjektiv (d.h. unterscheidet sich von Person zu Person) und selektiv (d.h. bezieht sich nur auf einen kleinen Realitätsausschnitt). »Information chunks« bündeln Reizelemente und konzentrieren damit die Wahrnehmung durch Elemente wie Logo, Key Visual, Jingle und dergleichen. Als relevant erachtete Wahrnehmungseinheiten werden gelernt und im Gedächtnis abgespeichert. Der Lernerfolg ist vor allem von der Durchsetzungskraft einer Botschaft im unmittelbaren Reizumfeld und von ihrer Penetranz der Wiederholung abhängig.

Soziologische Segmentierung

Soziologisch basierte Segmentierungskriterien heben auf zwischenmenschliche Größen ab. Sie bieten vielfältige Ansatzpunkte zur Zielgruppenabgrenzung. Hier einige wichtige Kriterien.

Normen beschreiben innerhalb einer Kultur die gesellschaftlichen Rahmenbedingungen und stellen durch Sanktionierung deren Einhaltung sicher. Gemeinsame Normen vereinen Zielgruppen. Subkulturen als Zielgruppen sind geschlossene Segmente innerhalb der Gesellschaft, die sich nach ethnischen (Rasse, Religion, Nationalität etc.), altersbezogenen (Kinder, Jugendliche, Senioren etc.) oder räumlichen Gesichtspunkten (Ballungszentrum, Vorort, Land etc.) abgrenzen. Soziale Schichten zeichnen sich durch die Gleichartigkeit ihrer Lebensumstände aus und weisen den gleichen Status auf. Daraus folgt gleichartiges Verhalten, das die Zusammengehörigkeit unterstützt.

Gruppen sind hinsichtlich mindestens eines Kriteriums homogene Personenmehrheiten. **Mitgliedschaftsgruppen** sind solche, denen eine Person durch formale Aufnahme oder rein faktisch angehört. **Bezugsgruppen** sind solche, an denen eine Person ihr Verhalten ausrichtet, sei es auf Annäherung oder auf Absetzung gerichtet. Aus der Gruppenzugehörigkeit folgt der Einfluss der Gruppen auf den Einzelnen. Den größten Einfluss hat sicherlich die Primärgruppe **Familie**. Dort können männlich dominierte, weiblich dominierte, autonome und gemeinsame Entscheide unterschieden werden. Ebenso unterliegt der Entscheid einem Wandel im Ablauf des Familienlebenszyklus.

Rollen sind Zuweisungen von Verhaltensmustern durch die Gesellschaft an einzelne Personen. Rollenkonformes Verhalten wird erwartet, auch hinsichtlich des Konsums. Dabei entstehen häufig Rollenkonflikte durch widerstrebende Erwartungen verschiedener Teile der Gesellschaft an eine Person (Interrollen-Konflikte) oder widerstrebende Verhaltensmotive der Person in Bezug auf ihre Rollendefinition (Intrarollen-Konflikte).

Meinungsführer stellen eine wichtige Zielgruppe dar, weil sie für einen Multiplikationseffekt von Botschaften in ihrem sozialen Umfeld sorgen. Außerdem sind sie häufig Intensivverwender. Allerdings ist ihre Identifikation schwierig. Dazu werden meist Merkmalskataloge der Persönlichkeit zugrunde gelegt.

Innovatoren sind Personen mit geringer Risikoscheu, die im Zeitablauf Neuerungen als Erste adaptieren. Sie bringen damit Diffusionsprozesse in Gang und unterscheiden sich hinsichtlich ihrer Charaktere nennenswert von den später aktiven Adopterkategorien. Sie sind meist durch geringeres Alter, höheres Einkommen, besseres Berufsniveau, höheren Bildungsstand, besseres Produktwissen und größeres Produktinteresse als der Durchschnitt gekennzeichnet.

Typologische Segmentierung

Soziologisch und psychologisch basierte Kriterien werden häufig zu **Typologien** (z.B. für die Mediaplanung) zusammengefasst. Dabei handelt es sich um die Bildung künstlicher Typen, die stellvertretend für eine Zielgruppe mit sehr ähnlichen Persönlichkeitsmerkmalen, vor allem Werten und Lebensstilen, stehen. Dies ist im Ergebnis zwar holzschnittartig, aber sehr prägnant und damit hilfreich zur Pointierung. Verbreitet sind Segmentierungen nach der Typologie sozialer Milieus oder den Euro Socio Styles.

Verwenden Sie zur Festlegung psychologischer, soziologischer und typologischer Segmentierungskriterien am besten das vorliegende Formular Analytische Zielgruppenabgrenzung.

Formular Analytische Zielgruppenabgrenzung (B-t-C)

Psychologische Kriterien:

___

___

Soziologische Kriterien:

___

___

Typologische Kriterien:

___

___

Segmentierung in Business-Märkten

Das organisationale Beschaffungsverhalten im Geschäftskundenbereich ist häufig durch

- mehrere im Zeitablauf zu durchlaufende Phasen (Episoden),
- eine insgesamt längere Transaktionsperiode,
- mehrere beteiligte Stellen im Unternehmen,
- dementsprechend mehrere beteiligte Personen

charakterisiert. Außerdem ist die Kaufklasse zu berücksichtigen, wobei der neuartige Erstkauf, der modifizierte Wiederholungskauf und der routinisierte Wiederholungskauf unterschieden werden können.

Typisch ist, dass Entscheidungen in **Einkaufsgremien** (Buying Centers) getroffen werden, in denen verschiedene Funktionen eingebunden sind, so die Funktion des Informationsvorselektierers, des hierarchisch legitimierten Entscheiders, des formal befugten Einkäufers, des tatsächlichen Verwenders und des Beeinflussers. Daraus folgen mehrere Schwierigkeiten für eine gezielte Ansprache:

- Welche Personen im Unternehmen nehmen welche Funktionen im Buying Center wahr?
- Wie ist der Anteil der Entscheidungsbeeinflussung im Buying Center zwischen den Funktionen aufgeteilt?
- Wie können Fluktuationen im Buying Center erfasst werden?
- Welche Entscheidungspräferenzen haben die einzelnen Buying-Center-Mitglieder?
- Wie kann sichergestellt werden, dass die jeweils interessanten Informationen an das »richtige« Mitglied des Buying Center gelangen?
- Inwieweit ist eine eher rationale Entscheidungsfindung, wie zumeist unterstellt, tatsächlich gegeben?

In Bezug auf **Neuerungen** (also neue Lieferanten und/oder neue Produkte) sind Promotoren (pro Neuerung) und Opponenten (contra Neuerung) anzutreffen. Hierbei stellen sich folgende Fragen:

- Welche Personen sind Promotoren und welche Opponenten?
- Welche Informationen helfen Promotoren, sich intern durchzusetzen?
- Auf welche Machtbasis können Promotoren und Opponenten jeweils zurückgreifen?
- Wie ist die relative Position der Beteiligten zur Durchsetzung oder Verhinderung eines Kaufentscheids?

Weiterhin gibt es Personen, für die in Bezug auf die **Informationsart** Sachinformationen primär sind (Faktenreagierer), oder solche, die eher auf ganzheitliche Informationen abheben (Image-Reagierer). Problematisch ist dabei, dass dieselben Informationen, die für Faktenreagierer von höchstem Interesse sind, beispielsweise detaillierte Angaben zu Leistungsmerkmalen, Konstruktionselementen, Materialien, Kennzahlen et cetera, Image-Reagierer langweilen – und umgekehrt. Daher ist es wichtig, sich zu verdeutlichen, mit welchem Reagierertyp man es jeweils zu tun hat.

Verwenden Sie zur Festlegung des Entscheiderprofils im Geschäftskundenbereich am besten das vorliegende Formular auf der nächsten Seite.

Machen Sie sich deutlich, dass Sie es immer mit Menschen als Zielgruppe zu tun haben, gleich ob im privaten oder gewerblichen Bereich. Marketing bedeutet immer »people business«.

Entscheiderprofil im Geschäftskundenbereich (B-t-B)

	Person/Titel/Abteilung	Person/Titel/Abteilung	Person/Titel/Abteilung	Person/Titel/Abteilung	Person/Titel/Abteilung	Person/Titel/Abteilung
Informationsselektierer						
Entscheider						
Einkäufer						
Verwender						
Informationsbeeinflusser						
Promotor						
Opponent						
Faktenreagierer						
Imagereagierer						

So entwickeln Sie eine schlüssige Positionierung

Unter Positionierung fasst man einerseits ein **grafisches** Verfahren (Mapping) durch statistische Datenerhebung und -auswertung, andererseits aber auch das Ergebnis des Marketingkonzepts als **verbales** Verfahren in Form eines Positioning Statement zusammen.

Als grafisches Verfahren geht es allgemein um die Anordnung von Objekten (Produkten, Anbietern, Marken, Nachfragern, Bedürfnissen etc.) in einem mehrdimensionalen, möglichst niedrig dimensionierten Positionierungsraum, um darin die Koordinaten dieser Objekte festzulegen. Handelt es sich bei den Dimensionen um objektiv messbare Eigenschaften, ist ein **Eigenschaftsraum** gegeben. Handelt es sich um nur subjektiv erlebbare Wahrnehmungen, ist ein **Wahrnehmungsraum** gegeben. Bei den objektiv messbaren Eigenschaften handelt es sich etwa um technische Daten, Funktionen, Abmessungen et cetera, bei den subjektiv erlebbaren Wahrnehmungen um Anmutungen, Eignungen, Zufriedenheiten und Ähnliches. Letzteres empfiehlt sich im Regelfall.

Beide Arten von Positionierungsräumen können nur reale, am Markt vorhandene Objekte beinhalten, dann spricht man von einem **Ähnlichkeitsraum**, oder nur ideal gewünschte Objekte, dann spricht man von einem **Präferenzraum**, oder sowohl reale als auch ideale Objekte **(Joint Space)**. Letzterer empfiehlt sich im Regelfall.

Nach der Art der Darstellung kann der Positionierungsraum so angelegt sein, dass ein reales Objekt umso eher einem idealen Objekt entspricht, je geringer die geografische Distanz zwischen beiden ist. Oder er kann so angelegt sein, dass ein reales Objekt umso eher einem idealen entspricht, je weiter es auf einem **Idealvektor** (Fahrstrahl) vom Koordinatenursprung entfernt liegt. Letzteres wird **Idealvektorverfahren** genannt, es folgt dem »Je-mehr-desto-besser«-Prinzip; Ersteres wird **Idealpunktverfahren** genannt, folgt dem »Je-ähnlicher-desto-besser«-Prinzip und ist meist empfehlenswert.

Die Verfahren unterscheiden noch danach, ob Nachfrager ausschließlich dasjenige Produkt wählen, welches dem Ideal am meisten entspricht **(Single-Choice-Modell)**, oder ob jedes Objekt eine mit abnehmendem Entsprechungsgrad sinkende Wahrscheinlichkeit hat, gewählt zu werden **(Wahlaxiom-Modell)**. Letzteres wird zumeist unterstellt.

Positionierungen können computergestützt, exakt vorgenommen werden (normativ) oder erfahrungsgetrieben, intuitiv (heuristisch). Beide Ansätze sind verbreitet. Die Vorgehensweise zur Entwicklung einer Positionierung ist in jedem Fall dieselbe und eine mehrstufige (siehe dazu Abbildung: Abfolge Positionsentwicklung).

Abfolge Positionsentwicklung:

- Abgrenzung des relevanten Markts (SGF)
  Feststellung der Wettbewerber in diesem relevanten Markt
- Bestimmung der wesentlichen Angebotsdimensionen auf diesem relevanten Markt (objektiv-produktbezogen)
  Auswahl des Positionierungsmodells (Idealpunkt/Idealvektor)
- Auswahl der strategischen Mitbewerber
- Positionierung der relevanten Wettbewerber in Bezug auf diese Dimensionen
- Positionierung des eigenen Angebots in Bezug auf diese Dimensionen
  Analyse der »eigenen« Strategischen Gruppe
- Eintrag der eigenen Zielposition (analog zur Idealposition der Zielgruppe)
- Formulierung des Positioning Statement

Abgrenzung des relevanten Marktes

Die Abgrenzung des relevanten Marktes bestimmt, auf welchem Markt man eigentlich tätig ist. Dies ist von erheblicher Bedeutung, denn wenn man nicht weiß, in welcher »Arena« man antritt, weiß man auch nicht, wer die Gegner dort sind und welche Stärken und Schwächen sie haben. Das Risiko unterzugehen wäre hoch, und Chancen können leichtfertig vertan werden.

Dazu gibt es das Beispiel der amerikanischen Eisenbahngesellschaften zu Anfang des vorigen Jahrhunderts. Sie waren dominant für die gesamte wirtschaftliche Entwicklung des Landes und sind heute zu Subventionsempfängern verkommen. Levitt hat dazu die These aufgestellt, dass die amerikanischen Eisenbahngesellschaften ihren relevanten Markt falsch abgegrenzt haben, nämlich als Transport von Personen und Gütern auf Schienen. Dementsprechend übersahen sie völlig die aufkommende Konkurrenz anderer Verkehrs- und Transportmittel, insbesondere Lkws und Flugzeuge. Folglich ist die Bedeutung des Straßen- und des Lufttransports stetig gestiegen und die des Schienentransports stetig gesunken. Eine zutreffende Marktabgrenzung hätte sich nicht auf Eisenbahn, sondern auf Logistikdienst-

leistung beziehen müssen. Dann wäre die Verkehrsmittelkonkurrenz rechtzeitig erkannt worden und man hätte ihr begegnen können.

Die Operationalisierung der Abgrenzung des relevanten Markts erweist sich als schwierig. Dazu werden im Einzelnen ein-, zwei-, drei- und mehrdimensionale Ansätze verfolgt. Die **eindimensionale** Abgrenzung kann auf objektiver oder subjektiver Basis erfolgen:

- **Objektiv** erfolgt die Abgrenzung anhand der **physikalisch-chemisch-technischen Austauschbarkeit** von Produkten. Der relevante Markt besteht demnach aus allen Produkten gleicher Form, technischer Gestaltung, Verarbeitung oder stofflicher Zusammensetzung. Problematisch ist dabei, dass gerade auch physikalisch-technisch unterschiedliche Produkte zahlreich für gleiche Verwendungszwecke genutzt werden (z.B. Tapete, Farbe, Holz, Fliesen zur Wandverkleidung). Auch die Abgrenzung bei Dienstleistungen ist aufgrund ihrer konstitutiven Immaterialität schwierig.

  Daher ist alternativ eine Abgrenzung auf Basis der **funktionalen** Austauschbarkeit denkbar. Der relevante Markt besteht dann aus allen Produkten/Diensten, welche die gleiche Funktion erfüllen. Problematisch ist dabei jedoch, dass erhebliche subjektive Auffassungsunterschiede bei Abnehmern darüber vorliegen können, ob und wie eine funktionale Austauschbarkeit von Produkten besteht.
- Eine **subjektive** Abgrenzung kann aus Anbietersicht oder aus Nachfragersicht erfolgen. Aus Nachfragersicht sind ihr wiederum Kundenverhalten oder Kundenurteile zugrunde zu legen. Beim **Kundenverhalten** besteht der relevante Markt aus allen Produkten/Diensten, die für ein und denselben Verwendungszweck tatsächlich beschafft werden. Problematisch ist dabei, dass es sich um vergangenheitsbezogene Daten handelt, ein konstantes Kaufverhalten vorausgesetzt wird und Einflüsse durch zahlreiche Störfaktoren wie Verfügbarkeit, Finanzkraft etc. bestehen. Auch ist dieser Ansatz nur für Produkte mit hoher Verbrauchsintensität geeignet.

  Alternativ ist eine Abgrenzung auf Basis von **Kundenurteilen** denkbar. Dabei wird der relevante Markt aus allen Produkten/Diensten gebildet, die von Abnehmern als für denselben Zweck geeignet angesehen werden. Es stellt sich jedoch das Problem der Informationserhebung, vor allem bei Neuprodukten, bei denen Abnehmer notwendigerweise auf keine Erfahrungswerte zurückgreifen können. Bei einer Abgrenzung aus **Anbietersicht** besteht der relevante Markt aus allen Produkten/Diensten, die Anbieter als für denselben Zweck geeignet ansehen. Dabei ergibt sich allerdings das Problem, ob Anbieter eine zutreffende Sichtweise einnehmen und auch zweckmäßig antizipieren können. So waren die ersten Steiff-Teddybären als Nagelkissen für Näherinnen gedacht und stellten sich erst danach als famoses Kinderspielzeug heraus.

Die **zweidimensionale** Abgrenzung erfolgt auf Basis der Kreuzpreiselastizität des Angebots und der Nachfrage (Triffin'scher Koeffizient). Der relevante Markt umfasst dabei alle Produkte/Dienstleistungen mit hoher positiver wie negativer Kreuzpreiselastizität. Die Kreuzpreiselastizität ergibt sich als Quotient aus der Mengenänderung eines Produkts A aufgrund der Preisänderung eines Produkts B. Gehören beide zum selben Markt, bedeutet eine Preiserhöhung von Produkt A einen Mengenzuwachs bei Produkt B und umgekehrt, weil Käufer von A nach B ab-/zuwandern. Gehören beide zu getrennten Märkten, liegt der Quotient nahe null. Problematisch ist dabei vor allem die Datenbeschaffung, die nur unter engen Voraussetzungen in Markttests möglich ist. Auch wird vorausgesetzt, dass Nachfrager den Preis als einziges Entscheidungskriterium für den Kauf/Nichtkauf betrachten, was zu bezweifeln ist. Selbst wenn die Kreuzpreiselastizität zu bestimmen ist, stellt sich die Frage, ab welchem Schwellenwert von getrennten Teilmärkten auszugehen ist und bis zu welchem Schwellenwert von einem gemeinsamen Markt. Insofern ist diese Abgrenzung zwar theoretisch sauber, praktisch aber wenig nutzbar.

$$\text{Kreuzpreiselastizität der Nachfrage} = \frac{\text{Absatzveränderung eines Produkts B}}{\text{Preisveränderung eines Produkts A}} = \frac{\dfrac{\text{neuer Absatz} - \text{alter Absatz}}{\text{alter Absatz}}}{\dfrac{\text{neuer Preis} - \text{alter Preis}}{\text{alter Preis}}}$$

Die **dreidimensionale** Abgrenzung erfolgt auf Basis der kumulativen Parameter Funktion, Zielgruppe und Technologie. Danach werden alle Produkte/Dienste als einem gemeinsamen relevanten Markt zugehörig angesehen, die eine identische Zielgruppe aufweisen, dort die gleiche Funktion wahrnehmen und mit derselben Technologie realisiert werden. Sobald ein Angebot in einem dieser drei Dimensionen abweicht, liegen hingegen getrennte Märkte vor. Diese Abgrenzung ist recht komplex und dabei angreifbar. Im Beispiel Zahnreinigung würden demnach hochwertige Handzahnbürsten und elektrische Zahnbürsten getrennten relevanten Märkten angehören. Sie haben zwar eine identische Zielgruppe und nehmen dort die gleiche Funktion wahr, aber dies mit abweichender Technologie. Tatsächlich dürften Verbraucher jedoch vor der Wahl stehen, hochwertige Handzahnbürsten oder elektrische Zahnbürsten zu kaufen, mithin diese Produkte demselben relevanten Markt zuzurechnen sein.

Die **mehrdimensionale** Abgrenzung geht schließlich von der Voraussetzung totaler Konkurrenz aus, das heißt, jedes Angebot steht mit jedem anderen Angebot im Wettbewerb um die knappe Ressource verfügbare Kaufkraft. So kann der Bedarf »Pausensnack« durch so verschiedenartige Produkte wie Schokoriegel, Obst, belegte Brötchen, Joghurt, Hamburger, Gebäck etc. befriedigt werden. Dies ist daher zwar sinnvoll, letztlich aber wenig hilfreich. Insofern wird praktisch eine Eingrenzung in zeitlicher oder räumlicher Hinsicht vorgenommen. Zu einem gemeinsamen Markt gehören dann alle Angebote, die zu einem gemeinsamen Zeitpunkt, also bei der konkreten Kaufentscheidung, verfügbar sind oder in einem gemeinsamen Gebiet. Damit wechselt allerdings die Zuordnung im relevanten Markt vielfach mit jeder Zeit und jedem Raum.

Letztlich ist dieses Problem, trotz seiner eminenten Bedeutung, derzeit ungelöst und kann nur pragmatisch angegangen werden. Als Maßgabe gilt, den Markt so eng wie möglich abzugrenzen, um eine hohe Übersichtlichkeit zu gewährleisten, aber zugleich so weit wie nötig, um gefährliche »Marketingkurzsichtigkeit« zu vermeiden.

Bestimmung der Angebotsdimensionen auf diesem Markt

Die Angebotsdimensionen auf einem relevanten Markt ergeben sich aus der Marktforschung anhand multivarianter Verfahren oder aus der Erfahrung der Entscheider. Theoretisch ist es zwar durchaus möglich, grafisch multidimensionale Skalierungen abzubilden, jedoch ist deren zutreffende Interpretation sehr schwierig. Daher sollte man sich in der Praxis auf zwei- bis dreidimensionale Abbildungen beschränken. Am besten ist die Konzentration auf die beiden als kaufbestimmend angesehenen Dimensionen. Sie bilden die Achsen eines Koordinatensystems.

So können als für die Beurteilung einer Sportcoupé-Marke entscheidend die Dimensionen Motorleistung und Überholprestige angesehen werden, für die Beurteilung einer Porzellanmarke Design und Preis, für die Beurteilung einer Seifenmarke Pflege und Duft, für die Beurteilung von Zigarettenmarken Geschmack und Image.

Sind mehr als zwei Dimensionen als kaufbestimmend anzusehen, kann versucht werden, durch Bündelung dieser Dimensionen zu zwei umfassenderen Dimensionen eine Komplexitätsreduktion zu erreichen. Freilich darf darunter nicht die Aussagekraft leiden.

Denkbar ist auch, die Achsen mit zwei unabhängigen Dimensionen zu belegen statt mit den beiden Polen einer Dimension. Auf diese Weise lassen sich vier Dimensionen zweidimensional abbilden (siehe Abbildung »Mapping multidimensional«).

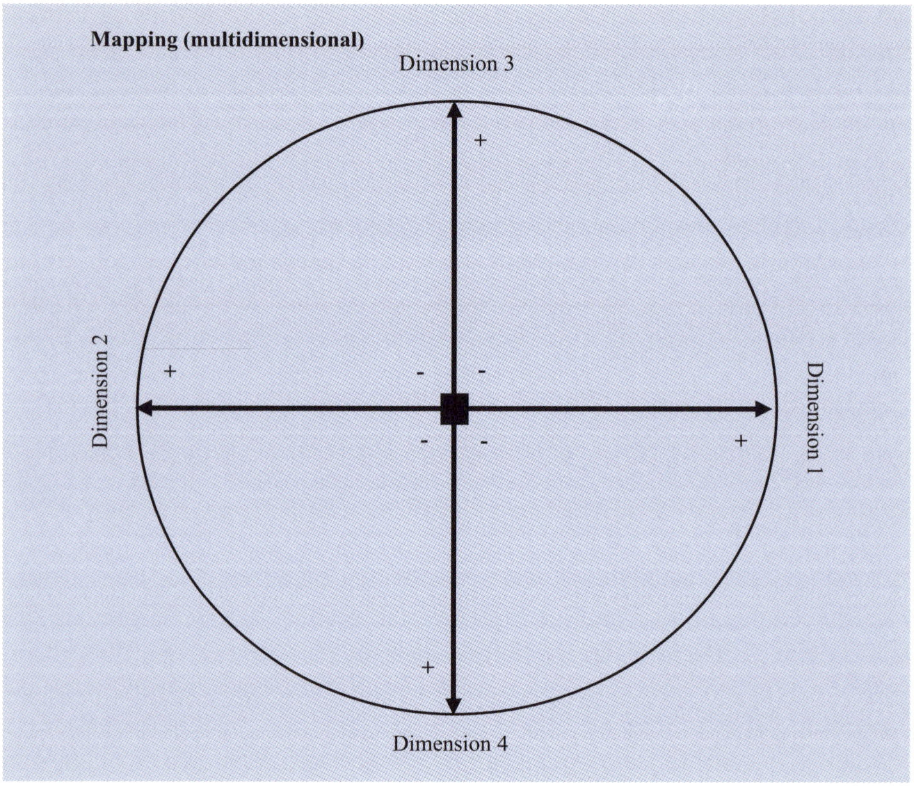

Auswahl der strategischen Mitbewerber

Die Gesamtheit der Mitbewerber im relevanten Markt lässt sich in Strategische Gruppen einteilen. Eine Strategische Gruppe besteht aus allen Anbietern, die um die Kaufkraft innerhalb des relevanten Markts konkurrieren. Diese Anbieter stehen in einem engeren Konkurrenzverhältnis zueinander als zu den Angehörigen anderer Strategischer Gruppen. Man spricht von interner Homogenität bei gleichzeitiger externer Heterogenität.

Beispiel: Am deutschen Kfz-Markt lassen sich folgende strategische Gruppen ausmachen:

- deutsche Standardhersteller (Opel, Ford, Volkswagen),
- deutsche Oberklassehersteller (Audi, BMW, Mercedes-Benz),
- europäische Importeure (Fiat, Peugeot, Renault, Citroën, Skoda, Seat),
- japanische Importeure (Nissan, Toyota, Mazda, Mitsubishi, Honda),
- »Exoten« (Alfa, Lancia, Saab, Volvo, Chrysler, Land Rover, MG-Rover),
- Luxuskarossenhersteller (Lexus, Jaguar, Porsche, Aston-Martin, Bentley, Ferrari, Maserati),
- Unterklassehersteller (Suzuki, Hyundai, Kia, Daewoo, Daihatsu, Lada, Subaru).

Hinsichtlich der eigenen Strategie in diesem Gruppenwettbewerb bestehen verschiedene Optionen. Die **Dominanz** innerhalb der eigenen strategischen Gruppe bedeutet das Anstreben der Marktsegmentführerschaft. Der **Wechsel** von der bestehenden zu einer anderen strategischen Gruppe ist mit der Hoffnung auf eine vorteilhaftere Wettbewerbsstruktur verbunden. Die **Gründung** einer eigenen strategischen Gruppe entspringt dem Ziel einer Alleinstellung.

Ein Beispiel für die Dominanz in der strategischen Gruppe ist Sixt bei Autovermietungen. Trotz großer internationaler Konkurrenten wie Avis, Hertz, Europcar und anderen ist es Sixt gelungen, diese Dominanzposition zu erreichen, und zwar durch eine ganze Reihe gezielter Aktivitäten wie Einrichtung von Vermietstationen an Flughäfen, Einsatz von Fahrzeugen mit Vollausstattung, Nutzung des Internets als Vertriebsweg, Aufbau einer starken Nachfrageposition bei Autoherstellern, Vermeidung der Abhängigkeit von einzelnen Herstellern, aggressive, hoch dotierte Werbekampagnen, Realisierung vergleichsweise hoher Gebrauchtwagenpreise und dergleichen.

Ein weiteres Dominanzbeispiel ist Focus im Markt der meinungsbildenden Zeitschriften, der über Jahrzehnte von Spiegel und Stern dominiert wurde. Focus schaffte eine Ablösung dieser Dominanz durch Maßnahmen wie begrenzter Seitenumfang der Artikel, Darstellung ausschließlich von Fakten, nicht von Meinungen, hoher Vierfarbanteil an der Redaktion, Einsatz von Infografiken, Öffnung für populäre Themen jenseits von Politik und Feuilleton et cetera.

Ein Beispiel für den Wechsel der strategischen Gruppe ist der Autohersteller Audi. Er war einst in der Gruppe der deutschen Standardhersteller verankert (wie Volkswagen, Opel, Ford) und wird nun der Gruppe der deutschen Oberklasseohersteller zugeordnet (wie BMW, Mercedes). Die Überwindung der Mobilitätsbarrieren beim Ausstieg aus der bestehenden sowie beim Einstieg in die neue strategische Gruppe konnte durch eine Reihe von Maßnahmen erreicht werden wie Einführung des Allradantriebs quattro, Design unter Cw-Wert-Gesichtspunkten, Procon-ten-Sicherheitslenkrad, Leistungssteigerung des Dieselmotors durch Turboaufladung, Karosserie aus Aluminium, stufenlose Getriebeautomatik, intensive Werbekampagnen, neues Schauraumkonzept und so weiter.

Ein weiteres Wechselbeispiel ist die Douglas-Gruppe, die sich vom Süßwarenfilialisten (Hussel) zur Lifestyle-Handelsgruppe veränderte. Dies erforderte eine Reihe von Aktivitäten zum Aufspüren fachhandelsaffiner Branchen (Parfümerie: Douglas; Schmuck: Christ, René Kern, Goldmeister; Bücher: Thalia, Montanus; Mode: Appelrath-Cüpper, Pohland). Als Multi-Spezialist konnte man damit sowohl dem Abstieg der Generalisten (Warenhäuser) als auch der Mono-Spezialisten (Fachhandel) entgehen.

Ein Beispiel für die Gründung einer eigenen strategischen Gruppe ist IKEA, das größte Möbelhaus der Welt. Dabei konnte durch Neuformulierung der Geschäftsprozesse eine nachhaltige Alleinstellung erreicht werden, die eine Vergleichbarkeit mit bereits bestehenden Angeboten/Anbietern aufhob. Dies bezieht sich auf Elemente wie kostengünstiger Standort in der Nähe von Autobahnanschlüssen, Schauraum mit angeschlossenem, begehbarem Lager, Selbstbedienung und Mitnahmemöglichkeit, Vermeidung von Lieferzeiten, Möbelaufbauarbeiten, Transportlogistik und dergleichen.

Ein weiteres Gründungsbeispiel ist die Kaffeehauskette Starbucks. Starbucks steht weltweit für eine neu definierte, innovative Form von Kaffeehaus. Sie basiert auf vier Säulen: Kaffee, Coffeehouse, Service und Sozialengagement. Kaffee wird in zirka 2.000 Variationen angeboten und damit neuartig erlebbar. Das Coffeehouse ist der »third place« zwischen Zuhause und Arbeitsplatz. Der Service bringt die Leidenschaft für Kaffee und Gäste zum Ausdruck. Und das Sozialengagement drückt die gesellschaftliche Verantwortung aus. Diese Kombination etablierte eine neue strategische Gruppe, die zwischenzeitlich Nachahmer gefunden hat.

Positionierung dieser Mitbewerber

Die weiteren Schritte beziehen sich zunächst auf Konkurrenten der eigenen strategischen Gruppe. Zielpersonen werden nun dahingehend erhoben, wie sie die Position dieser konkurrierenden Angebote relativ zu den zugrunde gelegten

Dimensionen einschätzen. Diese Positionen werden in das Koordinatensystem eingetragen.

Muster eines zweidimensionalen Mapping

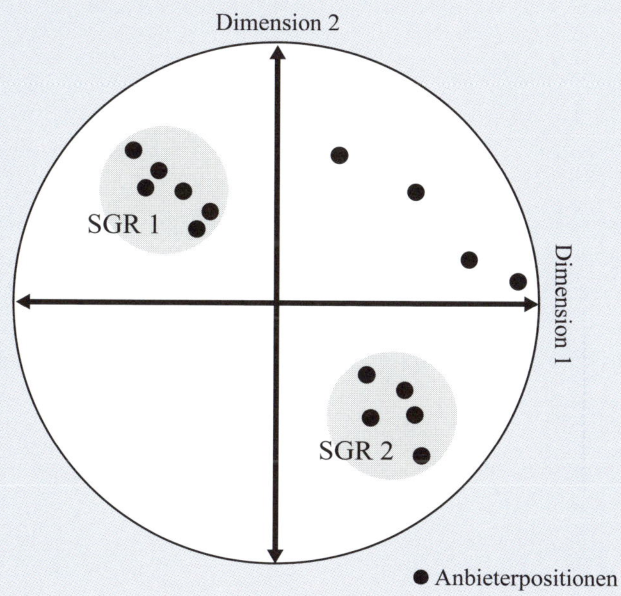

Zur Datenerhebung können statistische Verfahren eingesetzt werden, um zu exakten Ergebnissen zu gelangen. Der dazu erforderliche Aufwand ist durch die Bedeutung der Erkenntnisse durchaus gerechtfertigt. Dennoch ist es oft ausreichend, diese Positionen durch Expertenschätzung zu ermitteln. Dabei muss allerdings dafür Sorge getragen werden, dass möglichst wenig subjektive Verzerrung stattfindet. Keinesfalls sollte man sich daher auf das eigene Urteil verlassen. Hilfreich ist es vielmehr, mehrere Beteiligte aus unterschiedlichen Bereichen nach ihrer Einschätzung zu fragen und daraus einen Mittelwert für die Positionierung der Mitbewerber abzuleiten (siehe Abbildung: Muster eines zweidimensionalen Mapping sowie Abbildung: Muster eines multidimensionalen Mapping).

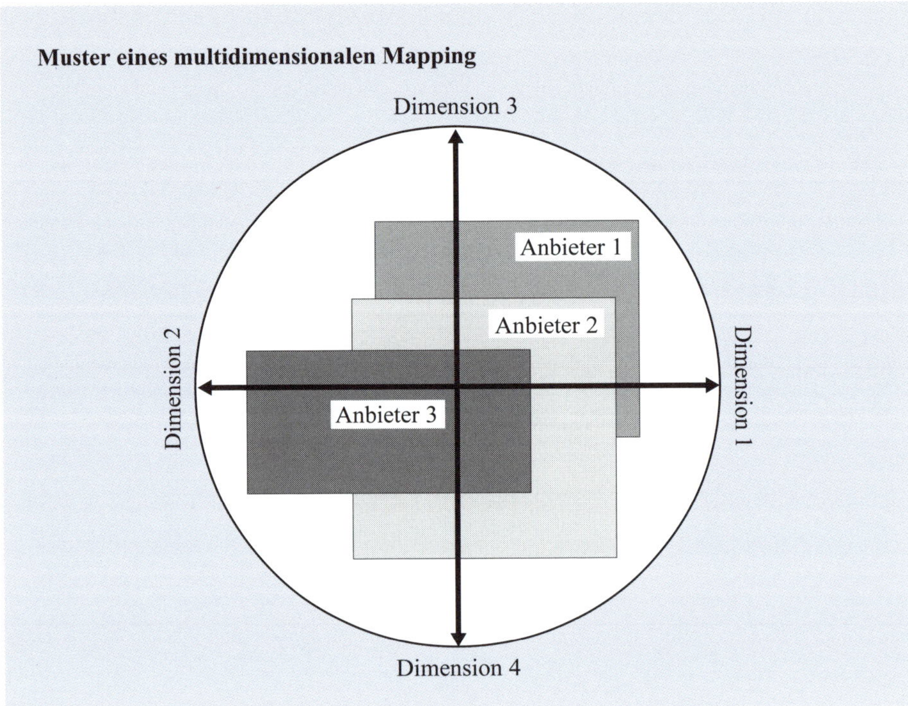

Eintrag der eigenen Ist-Position und der Idealposition

Zielpersonen werden weiterhin dahingehend erhoben, wie sie die Position des eigenen Angebots relativ zu den zugrunde gelegten Dimensionen einschätzen. Diese Erhebung erfolgt jeweils am besten durch Rating-Skalen für jede Dimension getrennt. Zugleich werden die Zielpersonen gegebenenfalls aufgefordert, die aus ihrer Sicht ideale Position eines Angebots relativ zu den zugrunde gelegten Dimensionen anzugeben. Beide Positionen werden im Koordinatensystem abgetragen.

Auch hierbei kann zur Erhebung statistisch exakt vorgegangen oder eine Expertenschätzung herangezogen werden. Dabei ist wiederum auf die Vermeidung grober subjektiver Verzerrungen zu achten (siehe Abbildung »Zweidimensionales Mapping mit Idealposition«).

Zweidimensionales Mapping mit Idealposition

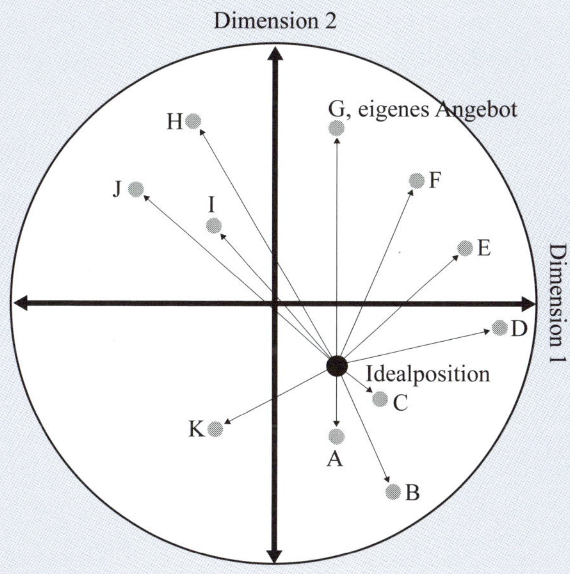

Eine pragmatische Möglichkeit des Vorgehens ist, dass man Mitarbeiter aus verschiedenen Funktionsabteilungen des Unternehmens zu ihrer Einschätzung der Positionierung befragt. Ebenso kommen dafür Mitarbeiter aus verschiedenen Hierarchieebenen des Unternehmens infrage oder auch unabhängige Dritte und vertrauenswürdige Kunden, die keine Gefälligkeitsäußerungen tätigen. Letztlich kommt es eher auf angenäherte Positionsbestimmungen an als auf exakte Koordinaten.

Alternativen zur Bestimmung der Zielposition

Nunmehr kann beurteilt werden, ob die eigene Ist-Position bereits der Zielposition entspricht oder ob Korrekturen erforderlich sind. Für die Erreichung der Zielposition kann vor allem danach unterschieden werden, ob die Positionierung reaktiv oder aktiv entsteht und ob sie faktisch belegt oder kommunikativ behauptet wird. Entsprechend bieten sich vier Optionen an (siehe Abbildung: Alternativen der Positionierung).

Alternativen der Positionierung

	faktisch belegte Positionierung	kommunikativ behauptete Positionierung
vorwiegend reaktive Positionierung	Unique Selling Proposition	prägnante Positionszuspitzung
vorwiegend aktive Positionierung	Schnittstellenpositionierung	Unique Advertising Proposition

- Eine Positionierung als **Unique Selling Proposition** (USP) erfolgt auf Basis faktischer Fundierung und immer alleinstellend. Dies war so lange sinnvoll, wie es noch hinreichend attraktive, alleinstellende Positionierungen gab und die Märkte frei waren. In den dicht besetzten Märkten von heute sind jedoch alle relevanten Positionen hinlänglich besetzt, sodass das USP-Postulat dazu führt, dass man sich auf periphere Positionierungen abdrängen lässt, die wenig potenzialstark sind. Hinzu kommt, dass USPs angesichts rascher Innovationszyklen rapider Veralterung unterworfen sind und dann nicht mehr alleinstellend wirken.
- Eine Positionierung als **Unique Advertising Proposition** (UAP) strebt hingegen unabhängig von der Realebene eine kommunikative Alleinstellung auf der Wahrnehmungsebene an. Dadurch wird es möglich, eine einmal eingenommene Position gegen alle Anfechtungen des Mitbewerbs zu behaupten, denn die UAP kann, anders als die USP, nicht imitiert oder überholt werden. Außerdem kann man eine solche UAP wählen, die maximal interessant und emotionalisierbar ist, und wird

nicht durch den Mitbewerb eingeschränkt. Wichtig ist allein, dass die kommunikative Auslobung plausibel und glaubwürdig ist. Dann bleibt sie alleinstellend erhalten, es sei denn, man entschließt sich, sie selber aufzugeben, was allerdings gut zu überlegen ist.

- Eine Positionierung als **prägnante Zuspitzung** baut auf der bewussten Einengung des Geltungsbereichs eines Angebots auf. Damit wird zwar im Kern weniger Nachfragepotenzial angesprochen, doch erstens wird dieses zielgenauer erreicht und zweitens werden im Umfeld der prägnanten Zuspitzung auch Nachfrager angesprochen, die sich zum fokussierten Angebot hingezogen fühlen. Dennoch will der Konflikt zwischen Potenzial und Profilierung wohlabgewogen sein.

Zielpositionierung

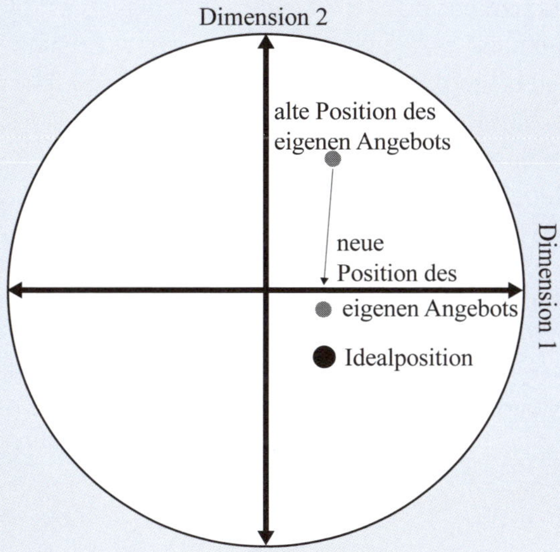

- Eine Positionierung an der **Schnittstelle** zwischen zwei oder mehr Märkten ist insofern sehr geschickt, als sie vermeidet, in vergleichsweise kleine Nischen abgedrängt zu werden, aber auch potenten Mitbewerbern entgegentreten zu müssen. Denn die neuartige Zusammenführung von Angebotsmerkmalen unterschiedlicher Märkte konstituiert ein neues Angebot mit einem eigenen, neuen Markt, der mit keinem der bestehenden Märkte vergleichbar und zugleich diesen überlegen ist (z.B. Knusperriegel aus den Märkten Keks und Schokoriegel, »Rinpoos« aus den Märkten Haarshampoo und -spülung, Vans aus den Märkten Pkw und Transporter, SUV aus den Märkten Sportwagen und Offroader; siehe Abbildung Zielpositionierung).

Schätzung der Positionspotenziale

Für die praktische Umsetzung ist es wichtig, die die ausgewählte Positionierung repräsentierende Kaufkraft zu bestimmen. Basis sind entweder qualifizierte (Experten-)Schätzungen oder ökoskopische Erhebungen. Dabei können verschiedene absolute Kennzahlen zugrunde gelegt werden:

- **Marktpotenzial** bezeichnet die realistische maximale Größe eines relevanten Markts
- **Marktvolumen** bezeichnet die aktuelle Größe eines relevanten Markts
- **Absatzpotenzial** bezeichnet die realistische maximale Höhe der Absatzmenge eines Unternehmens auf diesem relevanten Markt (**Umsatzpotenzial** bezieht sich analog auf den maximalen Umsatzwert)
- **Absatzvolumen** bezeichnet die derzeitige Höhe der Absatzmenge eines Unternehmens auf dem relevanten Markt (**Umsatzvolumen** bezieht sich analog auf den derzeitigen Umsatzwert)

Aus diesen Werten lassen sich wiederum relative Kennzahlen bilden:

$$\textbf{Marktanteilswert} = \frac{\text{Absatz- bzw. Umsatzvolumen}}{\text{Marktvolumen}}$$

$$\textbf{Marktsättigungsgrad} = \frac{\text{Marktvolumen}}{\text{Marktpotenzial}}$$

$$\textbf{Marktdurchdringungsgrad} = \frac{\text{Absatz- bzw. Umsatzvolumen}}{\text{Absatz- bzw. Umsatzpotenzial}}$$

$$\textbf{Marktausschöpfungsgrad} = \frac{\text{Absatz- bzw. Umsatzvolumen}}{\text{Marktpotenzial}}$$

Formulierung des Positioning Statement

Als verbales Verfahren beinhaltet die Positionierung die Abgrenzung/Alleinstellung eines Angebots/Anbieters in Bezug auf die gleiche Marktseite und seine Profilierung/Hervorhebung in Bezug auf die andere Marktseite. Sie drückt sich im Positioning Statement aus, das wiederum aus dem Angebotsanspruch und der Anspruchsbegründung besteht.

Der **Angebotsanspruch** formuliert, was ein Angebot behauptet, besser zu können als jedes andere (»Nur mein Produkt kann ...«). Die Behauptung ist bereits ausreichend, vorausgesetzt, sie ist plausibel. Dabei handelt es sich noch nicht um einen Werbetext, sondern um eine Konzeptaussage. Allerdings findet sich der Angebotsanspruch häufig im späteren Kampagnenabbinder (Slogan) der Werbung als fest zugeordnete, standardisierte Leistungsaussage wieder.

Die **Anspruchsbegründung** beinhaltet die rein sachliche Argumentation zur Glaubwürdigkeit des Claims (»Das ist so, weil ...«). Dies ist erforderlich, weil Pro-domo-Auslobungen nur begrenzt Glauben geschenkt wird. Meist werden hier technische (funktionale, physikalische, chemische) Ursachenkomplexe angeführt, die sich gerade bei Low-Interest-Produkten zur Aufwertung als kommunikativ bedeutsam erwiesen haben (wie TAED-System/Sunil, Dry-weave-Vlies/Pampers, Plantareen-Extrakt/Pril etc.).

Beide Statements sind erst »gut«, wenn sie je in einen Satz gefasst werden können. Sie sind dann die Leitgedanken für alle Marketingmaßnahmen. Dabei sind immer mehrere Auslegungen des Positioning Statement für ein und dasselbe Produkt möglich.

Beispiel: Alternative Positioning Statements für Mineralwasser:

Alternative Schlankheit:

- Angebotsanspruch: Mineralwasser hat einen absolut minimalen Kalorienwert, es ist daher bestens geeignet als figurfreundliches Getränk, das schlank macht und schlank hält.
- Anspruchsbegründung: In allen Food-Bereichen werden kalorienarme Produkte bevorzugt. Das natürliche Pendant dazu ist Mineralwasser, da es frei von Frucht- und anderen zuckerhaltigen Zusätzen ist.

Alternative Kinder:

- Angebotsanspruch: Mineralwasser ist das ideale Erfrischungsgetränk, um den Durst der Kinder zu löschen, denn es ist absolut rein und frei von jeglichen schädlichen Zusätzen (wie Zucker, Koffein etc.), und vor allem: Kinder trinken es gern.
- Anspruchsbegründung: Gesunde Speisen und Getränke haben oft den Nachteil, dass Kinder sie ablehnen und stattdessen auf »ungesunde« Getränke ausweichen. Mineralwasser als Getränkeangebot wird vom Kind angenommen und hält es gesund, weil es natürlich ist.

Alternative Aktivität:

- Angebotsanspruch: Mineralwasser ist für junge Leute und alle, die jung geblieben sind, die moderne, unkomplizierte Erfrischung für jeden Anlass und Zweck, die entspannt, belebt und gute Laune bringt.
- Anspruchsbegründung: Mineralwasser hat eine aktivierende, dynamische Wirkung. Es nutzt den ohnehin vorhandenen Trend zur Leichtigkeit des Seins. Dadurch wird Mineralwasser auch für Personen mittlerer und unterer Altersklassen attraktiv.

Alternative Gesundheit:

- Angebotsanspruch: Mineralwasser hat einen hohen Anteil wertvoller Mineralien und seltener Spurenelemente, die jeder Körper zur Erhaltung der Gesundheit braucht und die ihm durch die übliche Ernährung nicht oder nicht in ausreichendem Maße zugeführt werden.
- Anspruchsbegründung: Mineralwasser bietet wertvolle ingrediente Wirkstoffe in natürlicher Form und kommt damit in seiner Wirkung durchaus einem Heilmittel nahe.

Alternative Familie:

- Angebotsanspruch: Mineralwasser schmeckt der ganzen Familie, gleich ob alt oder jung, gleichermaßen gut und löst damit das Getränkebeschaffungsproblem zu aller Zufriedenheit.
- Anspruchsbegründung: Damit erübrigt sich die regelmäßige Vorratshaltung verschiedener Getränkesorten. Der Kühlschrank quillt nicht mehr über, das Haushaltsbudget wird nicht unnötig strapaziert.

Alternative Natur:

- Angebotsanspruch: Mineralwasser wird seit Jahrzehnten aus durch und durch naturbelassenen Mineralquellen gewonnen und ohne jegliche Zusätze oder chemische Bearbeitung quellabgefüllt, somit kommt Mineralwasser direkt aus der Natur.
- Anspruchsbegründung: Mineralwasser aus natürlichen Mineralquellen ist nicht versetzt und ohne Fremdstoffe und liegt damit voll im Trend zur Natürlichkeit, um den man sich in allen Lebensbereichen bemüht.

Für eine leistungsfähige Positionierung haben sich folgende **Anforderungen** als unverzichtbar erwiesen:

- Sie muss ein wirtschaftlich ausreichendes Mindestpotenzial des anvisierten Marktes ansprechen.
- Sie muss zum Image-Hintergrund der Marke/Firma passen und diesen möglichst aktualisieren.
- Sie muss das eigene Angebot vom Mitbewerb deutlich unterscheidbar machen.
- Sie muss raumübergreifend und auf absehbare Zeit tragfähig sein.
- Sie muss eine hohe Nutzenrelevanz für potenzielle Abnehmer haben.

Tragen Sie Ihren Angebotsanspruch und Ihre Anspruchsbegründung in das vorliegende Formular Positioning Statement ein.

Formular Positioning Statement

Angebotsanspruch:

____

Anspruchsbegründung:

____

Der Übergang zum operativen Marketing

Der Marketingplan ist das solide Fundament des operativen Marketings. Jede Marketingaktivität im Instrumentalmix ist kontraproduktiv, wenn sie nicht durch den Marketingplan gedeckt ist. Daher kann es erfolgreiches Marketing nur auf Basis eines ausgefuchsten Marketingplans geben.

Der Marketingplan besteht also im Einzelnen aus vier Bereichen.

1. Zielsetzung. Sie ist unverzichtbarer Ausgangspunkt jeder Planung.
2. Situationsdiagnose. Sie verhindert, dass unrealistische Ziele aufgesetzt werden.
3. Strategieentwicklung. Sie ist der Weg vom Ist zum Soll und gibt damit die Marschrichtung vor.
4. Konzeption. Sie ist die Klammer für die spätere operative Umsetzung in den Marketingmix-Instrumenten.

Entsprechend diesen Vorgaben des Marketingplans werden die Instrumente des Marketingmix gestaltet:

- die Produkt- und Programmpolitik,
- die Preis- und Konditionenpolitik,
- die Kommunikations- und Identitätspolitik sowie
- die Distributions- und Verkaufspolitik.

Eine kohärente Ausrichtung dieser Instrumente ermöglicht die effektive und effiziente Erreichung der gesetzten Ziele, die wiederum Ausgangspunkt des darauf nachfolgenden Marketingplans sind.

Über den Autor

Werner Pepels war 12 Jahre als Marketingberater in internationalen Werbeagenturen tätig, davon 3 Jahre selbstständig. Seit 1989 ist er Professor für Betriebswirtschaft. Er ist einer der meistgelesenen deutschen Fachautoren im Bereich Marketing und Management.

Literatur

Aaker, David A.: *Strategisches Marktmanagement,* Wiesbaden 1989

Abell, D./Hammond, J.: *Strategic Marketing Planning,* Englewood Cliffs 1979

Ansoff, H. Igor: *Corporate Strategy – An Analytical Approach to Business Policy for Growth and Expansion,* New York 1965

Bea, Franz Xaver/Haas, Jürgen: *Strategisches Management,* 3. Auflage, Stuttgart-Jena 2001

Becker, Jochen: *Marketing-Konzeption,* 8. Auflage, München 2007

Benkenstein, Martin: *Strategisches Marketing,* 2. Auflage, Stuttgart u.a. 2002

Corsten, Hans: *Grundlagen der Wettbewerbsstrategie,* Leipzig 1998

Diller, Hermann (Hrsg.): *Marketingplanung,* 2. Auflage, München 1998

Diller, Hermann (Hrsg.): *Vahlens Großes Marketing Lexikon,* 2. Auflage, München 2001

Dillerup, Ralf/Stoi, Roman: *Unternehmensführung,* München 2006

Ehrmann, Harald: *Unternehmensplanung,* 4. Auflage, Ludwigshafen 2002

Fritz, Wolfgang: *Marketing-Management und Unternehmenserfolg,* 2. Auflage, Stuttgart 1995

Gälweiler, Aloys: *Unternehmensplanung,* 2. Auflage, Frankfurt-New York 1986

Hahn, D./Taylor, B. (Hrsg.): *Strategische Unternehmensplanung,* 8. Auflage, Berlin u.a. 1999

Hermann, Andreas: *Produktmanagement,* München 1998

Hinterhuber, Hans H.: *Strategische Unternehmensführung I,* 4. Auflage, Berlin-New York 1989

Hinterhuber, Hans H.: *Strategische Unternehmensführung II: Strategisch handeln,* 6. Auflage, Berlin u.a. 1997

Holzbaur, Ulrich D.: *Management,* Ludwigshafen 2001

Homburg, Christian/Krohmer, Harley: *Marketingmanagement,* 2. Auflage, Wiesbaden 2006

Hopfenbeck, Waldemar: *Allgemeine Betriebswirtschafts- und Managementlehre,* 11. Auflage, München 1997

Hungenberg, H.: *Strategisches Management in Unternehmen,* 3. Auflage, Wiesbaden 2004

Kotler, Philip/Bliemel, Friedhelm: *Marketing-Management,* 10. Auflage, Stuttgart 2001

Kotler, Philip u.a.: *Grundlagen des Marketing,* 3. Auflage, München u.a. 2003

Kuß, Alfred/Tomczak, T.: *Marketingplanung,* 4. Auflage, Wiesbaden 2004

Macharzina, Klaus/Wolf, Joachim: *Unternehmensführung,* 5. Auflage, Wiesbaden 2005

Meffert, Heribert: *Marketing,* 9. Auflage, Wiesbaden 2000

Meffert, Heribert: *Marketing-Management, Analyse – Strategie – Implementierung,* Wiesbaden 1994

Müller-Stewens, Günter/Lechner, Christoph: *Strategisches Management,* 3. Auflage, Stuttgart 2005

Nieschlag, Robert/Dichtl, Erwin/Hörschgen, Hans: *Marketing,* 19. Auflage, Berlin 2003

Pepels, Werner: *Grundlagen der Unternehmensführung,* München-Wien 2005

Pepels, Werner: *Marketing,* 4. Auflage, München 2004

Porter, Michael E.: *Wettbewerbsvorteile: Spitzenleistungen erreichen und behaupten,* Frankfurt-New York 1986

Porter, Michael E.: *Wettbewerbsstrategie: Methoden und Analyse von Branchen und Konkurrenten,* 7. Auflage, Frankfurt-New York 1992

Pümpin, Cuno: *Management strategischer Erfolgspositionen,* 3. Auflage, Frankfurt-New York 1991

Raffeé, Hans/Wiedmann, Klaus P. (Hrsg.): *Strategisches Marketing,* 2. Auflage, Stuttgart 1989

Rupp, Manfred: *Produkt-Markt-Strategien,* 3. Auflage, Zürich 1988

Sander, Michael: *Marketing-Management,* Stuttgart 2003

Staehle, Wolfgang H. (überarb. v. Conrad, Peter/Sydow, Jörg): *Management,* 8. Auflage, München 1999

Steinmann, H./Schreyögg, G.: *Management,* 4. Auflage, Wiesbaden 1997

Erfolg auf ganzer Linie – New Business Line

Aus der Reihe New Business Line sind außerdem erschienen:

Marketing

Tanja Hartwig/Elisabeth Maser:
Kundenakquise
ISBN 978-3-636-01474-0

Werner Pepels:
Erfolgreiche Produkteinführung
ISBN 978-3-636-01473-3

Thomas H. Jachens:
Professionelles Verkaufen
ISBN 978-3-636-01472-6

Management

Robert G. Wittmann/Matthias Reuter/
Renate Magerl: *Unternehmensstrategie und Businessplan*
ISBN 978-3-636-01540-2

Arbeitstechniken

Mario Klarer: *Meetings auf Englisch*
ISBN 978-3-636-01439-9

Claudis Behrens-Schneider/Sabine Birven: *Events und Veranstaltungen organisieren*
ISBN 978-3-636-01457-3

Peter Kürsteiner: *Gedächtnistraining*
ISBN 978-3-636-1539-6

Soft Skills

Roman Braun: *NLP – Eine Einführung*
ISBN 978-3-636-01444-3

Michael Brückner:
Beschwerdemanagement
ISBN 978-3-636-01445-0

Finanzen & Controlling

Peter Kralicek:
Bilanzen lesen – Eine Einführung
ISBN 978-3-636-01443-6

Peter Posluschny:
Die wichtigsten Kennzahlen
ISBN 978-3-636-01441-2

Business-Wissen auf einen Blick für nur 10,00 € (D).